［復刻版］

空海は古代ユダヤの錬金術師だった

数々の奇跡を起こした空海、その生涯には多くの謎が
単一民族信仰がはびこる日本の歴史観を打ち崩す！

Kukai was an ancient Jewish alchemist

正統ユダヤの血脈は日本にあり

月海黄樹［著］

Ouju Gekkai

「空海がユダヤ人？
そんなこと、あるわけがない……」

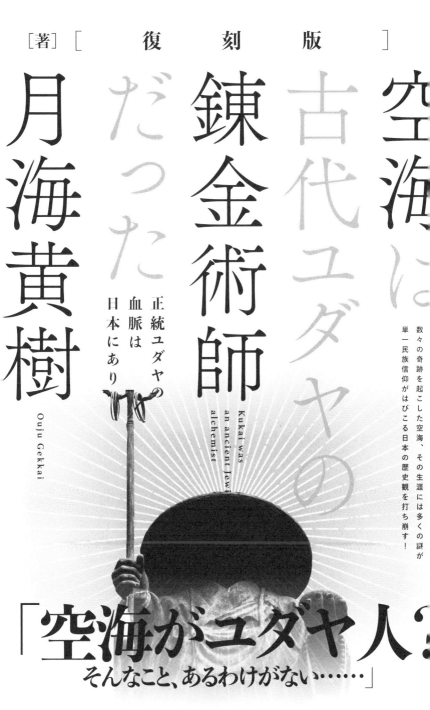

はじめに――空海の謎を追えば、本当のユダヤが見えてくる

弘法大師《こうぼうだいし》・空海。彼は日本に正統密教の全てを持ちかえり、高野山《こうやさん》に金剛峯寺《こんごうぶじ》を建立し、比類なき法力で数多くの奇跡を起こしたとされる僧侶である。日本の仏教史の中で彼ほど光輝く金字塔を打ち立てた人物は存在しないといっても過言ではないだろう。

しかし意外にも空海の生涯は多くの謎と疑問に満ちている。

第一の謎として「遣唐使推挙の謎」がある。空海の遣唐使としての唐への派遣は、後に密教の全てを日本に持ちかえるという偉業を生んだ重大な彼自身の転機でもある（日本以外の世界中のどこの国にも正統な密教は存在していない）。

しかし不思議なことに、空海は遣唐使船の派遣が決定する前年に初めて正式な僧侶となり、僧として無名であるにもかかわらず、当時エリート僧侶だけが乗り込むことを許された遣唐使船に推挙されている。

さらなる謎は、膨大な遣唐使費用をどこから捻出《ねんしゅつ》したかという問題である。

当時、唐に留学するということは、大変な経済力が要求されたため、空海とともに遣唐使船に乗り込んだ最澄《さいちょう》には朝廷から多額の寄付が寄せられている。

ところが空海は無名の僧侶であるにもかかわらず、こうした費用をどこからか捻出していた。それも、唐より帰国するさいには密教教典の全てを唐で書き写させ、全ての密教用具を鋳造させて持ちかえったというのであるから、最澄に勝るとも劣らぬ所持金があったと考えられる。

三千人もの弟子を持っていたとされる密教大阿闍梨《だいあじゃり》・恵果《けいか》に出会い、恵果が自らの弟子には伝授しなかった密教の全てを、会ったばかりの空海にわずか半年という短期間で伝授したというのも不思議な話である。

第二の謎は「高野山建立の謎」である。高野山建立時、空海は僧侶として最も脂ののりきった時代にあった。普通の僧侶であれば貴族の帰依と寄進をつのり、都での地位獲得にやっきになる時代に、彼はなぜかとんでもない僻地《へきち》であった高野山に寺を建立することに決める。

第三の謎は「即身成仏《そくしんじょうぶつ》の謎」である。元来、仏教には生きながらミイラになる行は存在しない。ミイラ行は空海が先駆者となり、真言宗の僧侶だけに実践がみられる特殊な行である。

なぜ、空海はそのような行を自ら施したのか？

その謎の秘密は空海の出自に隠されている。

空海は四国讃岐《さぬき》の海人《あま》族の出身だった。

私は海人族を日本に渡来した古代ユダヤ民族であったと考えている。

そして空海は錬金術を操った古代ユダヤの金属師だったのである。

なぜなら空海の周辺には古代ユダヤの錬金術思想に顕著な「不老不死」の実践や、ユダヤの錬金術師が崇《あが》めた太陽神バールと月と水の女神アシュトラの信仰。さらにはフリーメーソンにみられるイニシエーションを匂わせる伝承が色濃く漂っているからである。

偉大なる仏教僧・空海が実はユダヤの錬金術師だったという大胆な結論を導きだす過程をこれから読者とともに辿《たど》っていこうと思う。

本書では第一章と第二章において、海人族（古代ユダヤ人）の歴史と、日本において育《はぐく》まれたフリーメーソン的錬金術結社が存在し、大和《やまと》朝廷に敵対していたことを紹介する。

第三章では空海の生まれた四国が古代ユダヤ人のメッカであり、「不老不死」の秘儀が伝えられていたことを検証しよう。

第四章ではユダヤの錬金術の知識を読者に提供して、空海が修行したといわれる高野や大峯《おおみね》の山々に存在する信仰や海人族の伝承がいかにユダヤ錬金術と類似しているかを比較していただくことにする。

第五章では空海自身の海人としての素顔を彼の生涯とともに見ていくことにする。

都の大学へのエリートコースを進んでいた空海は錬金術師・勤操《ごんぞう》に導かれ、当時反朝廷勢力であった山岳の「錬金術結社」に入団する。

ここで得たコネと力によって空海は遣唐使船に乗り込み、密教の全ての教えの継承者となって帰国するのである。そして空海の持ちかえった密教には我々の知らないオリエント魔術の秘儀が隠されていた。

第六章では高野山金剛峯寺の「錬金術の殿堂」としての素顔を紹介することにしよう。金剛峯寺は都の朝廷の目に触れない場所で、錬金術師たちが空海の持ちかえった秘儀を実践する場所として用意されたのである。そこではユダヤのイニシエーション、バール神とアシュトラ神への礼拝、「不老不死」の薬の調合、預言などが行われていた。

第七章では海人（古代ユダヤ人）の王族であり、ユダヤの神宝を持つ巫女《みこ》厳子《いずこ》（丹後元伊勢神宮の祝部職《はふりべしょく》　海部家の息女）と空海が実質的な夫婦となり、空海が古代ユダヤ人の王として君臨していたことを紹介する。後に厳子は強制的に淳和天皇《じゅんなてんのう》の第四妃として入内《じゅだい》させられ、厳子を宮中から逃亡させた空海と朝廷は対立と緊張を強めていった。

空海の入定は朝廷に対する自戒の刑罰だったのである。

では、弘法大師・空海とユダヤ錬金術の謎を、海人族が古代ユダヤ人であることの検証とその歴史から辿っていくことにしよう。

目次

第二章 古代ユダヤ民族は密教で復権を図っていた

第三章　四国に古代ユダヤ王国の秘密があった

第六章　高野山はユダヤ錬金術の殿堂だった

第七章　真名井御前と空海

カバーデザイン　森　瑞（4Tune Box）
本文仮名書体　文麗仮名（キャップス）

第一章　隠蔽された古代ユダヤ人の歴史

海人族とは何か？

古代の日本には海人《あま》と呼ばれる人々がいた。海人とは、海岸地帯に住み漁業を主流とする生活を営んでいる人々のことを総称する呼び名である。

これまで、海人は魚介類や海藻類を採る漁民という見方をされており、朝廷の隷属民として海産物を貢納《こうのう》する身分の低い民として取り扱われていた。

農耕民族である日本人にとっては、その日暮らしの狩猟民・海人にたいしてマイナスのイメージを強く持っていたのである。

海人族の中心は現在の丹後《たんご》半島の一角にあり、そこには現在元伊勢《もといせ》神宮と呼ばれる神社が二つペアで存在している。大江山にある皇大神社《こうたいじんじゃ》と、天橋立《あまのはしだて》の近くにある与謝宮《よさのみや》である。この元伊勢神宮・与謝宮の祝部職《はふりべしょく》を継いでいるのが八十二代目の宮司にあたる海部光彦《あまべみつひこ》氏である。

海部《あまべ》とは海人族のことであるが、この海部氏の系図が戦後公開され、研究されるにつれ海人族こそが原初の天孫族であり古代天皇家の創設に関わっていたことや、丹後地方に日本で最大かつ最古の海人族が存在し、日本の歴史に重要なポイントを占めていたことが明らかになったのである。

この海部氏系図は一九七五年に重要文化財に指定され、一九七六年に国宝となった。古代日本では天をアマといったが、まさに海と天とは同一であったのである。

たとえば『古事記』『日本書紀』に書き表される日本神話の中では、日本列島の産みの神としてイザナギ・イザナミの両神が登場するが、イザナギ（凪《なぎ》を誘《いざな》う）イザナミ（波を誘う）とあるようにこの両神はいずれも海と関係の深い神であり、日本列島の誕生物語には海人族の影が偲《しの》ばれるのである。

また天皇家の祖神《そしん》とされている天照大神《あまてらすおおみかみ》も元来は海照大神《あまてらすおおみかみ》であっただろうと考察している研究者も多い。

この海照信仰（太陽神の信仰）は、天皇家の天照信仰以前に伊勢などの海人族の間に盛んだったものであり、海人族の海照大神はもともと男神であり、古事記神話に登場する猿田彦神《さるたひこのかみ》が海人族の信仰する太陽神であった。

では、それほど天皇家に密接な間柄であるはずの海人族がどのような経過によって排斥されるようになり、身分の低い民としての扱いを受けるようになったたか、そこには古代の日本列島における複雑な民族闘争があった。

そして、それを知ることが弘法大師空海という人物の謎を解く大きな鍵となるのだ。

さらに、そこには海人族の驚くべき正体が隠されていたのであった。

丹後地方の伝承を調べ、海部光彦氏にインタビューさせてもらった結果、海人族の中枢がユダヤ系の民族であったという驚くべき結論が導き出されたのである。

その根拠となるのが次の五点である。

一　丹後地方には渡来伝説があるが、最初の渡来地はタイザといい歴史言語学者の川崎真治《かわさきしんじ》氏によると「太陽の使いの烏《からす》」という古代ヘブライ語である。

二　丹後地方の神話と、ユダヤの神話が同じである。

三　与謝宮には「潮満玉《しおみつたま》」「潮干玉《しおひるたま》」という海の水を自由にコントロールできる二つの玉の言い伝えがあり、モーセの紅海《こうかい》を割る奇跡と十戒を刻んだ二つの石と同じ物である。

四　与謝宮の御神体はユダヤのアークの中に納められていた「マナの壷《つぼ》」と呼ばれる金の壷であった。

五　与謝宮の紋は「ソロモンの紋」と呼ばれる六芒星《ろくぼうせい》の紋であり、現在のイスラエルの国旗にもなっている伝統的なユダヤのシンボルである。

以上の五項目について、それぞれ詳しく読者とともに検討してみることにしよう。

海人族発祥の地には古代ヘブライ語の名前がついていた！

以前は、丹後王国といっても、その存在の信憑性《しんぴょう》にすら疑いの目を向ける研究者が大多数であった。ところが丹後王国の存在を決定的にする歴史的発見が行われたのである。

一九九四年三月十七日京都府竹野《たけの》郡弥栄《やさか》町和田野と中《なか》郡峰山《みねやま》町矢田にまたがる大田南五号墳（四世紀後半）から、中国・魏《ぎ》の年代の青龍《せいりゅう》三年（二三五年）の銘文が刻まれた国内最古の青銅鏡「方格規矩四神鏡《ほうかくきくししんきょう》」一枚が完全な形で発見された。この鏡にある青龍三年は卑弥呼《ひみこ》（邪《や》馬台《また》国の女王）が中国の魏帝から鏡を下されたという景初《けいしょ》三年（二三九年）を四年さかのぼる年号で、丹後に大和朝廷とならぶ有力な国が存在していた可能性を提示した。

この鏡を出土した大田南五号墳は尾根筋の古墳群の一基であるが、古墳時代の前期に尾根に古墳を連ねて築いたのは丹後半島とその周辺部だけに限られている。

丹後では弥生時代から尾根を階段状に削りだして作った古墳群が築かれており、そのことは丹後に大和朝廷とは全く異なる文化があったことを示しているのである。

すなわちそれが海人の王朝、丹後王国であった。大田南五号墳は丹後半島中央部を北流して日本海に注ぐ竹野川を、河口から十キロメートルあまりさかのぼった山間部にあるが、おそらく丹後の首長層はこの竹野川から日本海まで下り、朝鮮半島付近まで進出して自分たちの交流ルートで中国鏡を入手したのであろう。

丹後の郷土史研究家である亡き港井清七朗《みなといきよしちろう》先生によれば、この古墳群のある竹野川の一帯が、元伊勢神宮・与謝宮以前の古代の丹後王国の中心地であったという。

竹野川の河口部には現在では水田が広がっている。古代にはこの辺りに潟湖《せきこ》が広がっていた。そして、この湖の辺《ほとり》には竹野神社が存在していた。

竹野神社の裏手には依ケ尾山があり、神社はこの山を御神体としている。実は、元伊勢神宮・与謝宮は竹野神社から遷宮された歴史がある。つまり、竹野神社は元伊勢だったのである。

竹野神社と依ケ尾山の関係は、本来元伊勢神宮・与謝宮と大江山の元伊勢神宮・皇大神社のペアと同じものだったのであろう。

竹野神社・元伊勢神宮の神は、「月と水の女神、豊受之大神《とようけのおおかみ》」という龍神であると海部《あまべ》家には伝えられている。

竹野神社に仕える海人王族の巫女《みこ》は「竹野の姫神」と呼ばれ、お伽《とぎ》話で有名な「かぐや姫」のモデルとなった。

月の女神に仕える竹野の姫神が、月から来て竹の中から生まれた「かぐや姫」にと変化した。

そして、大勢の貴公子のプロポーズを受け、最後には帝の求愛さえも断って月に帰っていく。

「かぐや姫」は、代々大和朝廷との政略結婚を強制された丹後王国の王女たちの物語だったのである。

元伊勢神宮の祝部職《はふりべしょく》である海部家の口伝《くでん》によると、丹後王国の範疇《はんちゅう》は若狭《わかさ》湾一帯から但《たじ》馬《ま》・丹後・丹波《たんば》の三丹にわたっていた。しかしもっと古くは、畿内《きない》全域すらその勢力範疇にあった。

我々が大和朝廷と対抗する古代王国として最もよく耳にするのは出雲《いずも》王国の存在であるが、海部氏にいわせると出雲王国は丹後王国の一部（現在の京都府亀岡《かめおか》市の付近から紀伊《きい》半島にかけての地帯）であったものが、大和朝廷の討伐の末に現在の島根県に移動したというのである。実際、亀岡には出雲大社がここから遷宮されたと記録に残る元出雲大社が存在している。

丹後王国は、大和朝廷の力が強大化する以前には大和と全く違った文化を持ち、独自で中国との交易ができるだけの力を持った王国であったのだ。

また、相当の技術力を誇っていたことが、紀元一世紀ごろに作られたと思われる鉄の塊や、日本最古の水晶の加工場跡が発見されている事実からも歴然としてきた。

それでは、こうした丹後王国を形成した一族は、どのような人々だったのだろうか？

丹後地方には渡来伝説が残っている。

それによると、古代、丹後の人々は海を渡って日本に上陸し、その最初に到着した場所をタイザと呼んだ。

ちょうど、丹後半島を西に下っていったところに間人《たいざ》の地名はある。前述した竹野神社が位置する竹野川は、間人《たいざ》を横切っている。

このタイザという地名は、歴史言語学者川崎真治氏によれば「太陽の使いの烏」という古代バビロニア語、あるいはヘブライ語だというのである。

つまり、海人族の発祥の地となった丹後王国の中心は、ヘブライ語の地名を持っていたのである。

鬼はバール、乙姫はアシュトラ

次に丹後地方に残る伝承や、神話を検証してみよう。

丹後地方における特徴的な伝承に、鬼と龍宮《りゅうぐう》がある。

丹後には昔鬼がたくさんいたらしく、鬼退治の話が伝承されている。

丹後の鬼退治の話には、古くは七世紀ごろに行われた当麻麻呂子《とうまのまろこ》皇子の鬼退治。

中世においては大江山の鬼退治がある。鬼とはいっても、本当は大和朝廷に反目する製鉄文化を持った丹後の海人族のことであり、鬼退治は大和朝廷によって行われた丹後王国の粛清の歴史を物語っているのだ。

中世に都を荒らし回り、源《みなもとの》頼光《よりみつ》が退治したと伝えられる有名な鬼・酒呑童子《しゅてんどうじ》の物語は、さきほどの海部氏が祝部職を務める元伊勢神宮・与謝宮と対になったもう一つの元伊勢が存在する大江山が舞台である。

二つの元伊勢の関係は、伊勢の伊勢神宮の内宮と外宮との関係にあった。

つまり大江山の元伊勢が、伊勢の内宮と同じく天照大神を祭り、海部氏の元伊勢が外宮と同じく豊受之大神を祭っているのである。

大江山の元伊勢は鬼の住処《すみか》とされ、一方海部氏の元伊勢は龍宮城と伝承されていた。

海部氏の元伊勢神宮・与謝宮に伝わる龍宮城の話は、丹後半島から北東に二十キロ沖にある女島《めしま》（沓島《くつじま》）と男島《おしま》（冠島《かんむりじま》）にその謎が秘められている。

元伊勢神宮は、有名な天橋立を参道とする水神の神社である。

神社に祭られている豊受之大神は「月と水の女神」の龍神と伝わっている。

女島と男島は、神社の「海の奥宮」とされており、その間には今は水没してしまった中津神島と呼ばれる島が存在した。古来その島に龍宮城があったというのである。

龍宮城には「潮満玉」「潮干玉」と呼ばれる二つの宝玉が伝わっていた。これらの玉には海の満ち干を自由に操る力があり、海部の先祖は、龍王の娘の乙姫からその二つの宝玉をもらい受けて、神社に伝えてきたといわれている。

実は、この「鬼と龍神」がユダヤにもいたのだ。古代ユダヤ人は、聖書で有名なヤハウェイの他に、バール、アシュトラ、エルミトラという神々*を熱心に信仰していた。

＊ これらの神々には別名が多い。その理由として、これらの神々の人気度が高く、古代オリエントの各地で祭られていたため、その地方独特の呼び名が付けられて、残っていったのである。神々の働きが、その土地の事情で変わったり、役目に変遷が生じたり、神同士が合成されたり、性転換したりした例もある。
エルミトラの別名としてダゴン、クロノス。

バールの別名として、モレク、アドン、アドニ、メルカルト、エシュミン、アドニス、オシリス。アシュトラの別名として、アシェラ、アシェラト、ヤンミ、アスタルテ、アシュタロテ、バーラト、アナト、アラメア、インニン、イシュタル、イシスなどが代表的な呼び名としてある。


ユダヤ人を一神教だと思うのは間違いである。

ユダヤ人の歴史研究の第一人者であるシーセル・ロスもその著書『ユダヤ人の歴史』で、ユダヤ民族は長い間、多神教徒であり、少なくとも中世まではヤハウェイ以外の神々を祈りつづけていたと明言している。＊先に記した三神はその代表的な神であった。

その中でも、バールとアシュトラは、ヤハウェイよりも遥《はる》かに古い起源を持つ神であった。

＊　こうした理由から、ヤハウェイ一神教の「旧約聖書」は、ユダヤ人の歴史の記録を、一神教的解釈で編集しなおしたものであると考えてよい。

記録にあった神々を、全て主と書き直したことから、今日の旧約聖書には矛盾部分が生まれている。

バールは、天上の太陽と暴風雨を統括する神であり、その姿は頭に牛の角を生やし、鉄の棍《こん》棒《ぼう》を振り上げた雄姿で表される（P25写真参照）。

オリエントで出土するバール神の姿をよく見ると、それが頭に角を生やして、鉄の棍棒を振り上げる鬼の姿であることが分かる。

バール神は、火山の神でもあるところから、山の上に聖所を作られることが多かった。ここで、大江山の元伊勢神宮を思い出してほしい。山の上に祭られたのは天照大神（太陽神）であり、酒呑童子という鬼が住んでいた。これは、バール信仰の名残なのである。

次にアシュトラを紹介しよう。

アシュトラは、太陽神バールの妻であり「月と水の女神」である。

その姿は角のある蛇の形をしていて、海の水を自由に操る力を持っている。

通常アシュトラの神殿は彼女が水中に住んでいると思われていたため、水際に建てられていた。

アシュトラと豊受之大神は、両者ともに「月と水の女神」であり、海の水を自由にコントロールできる霊力を持っていると伝えられている。アシュトラは、日本海に面して建てられた元伊勢神宮・与謝宮に祭られる龍体（アシュトラ同様に角のある蛇）の女神・豊受之大神なのである。

これほどユダヤと丹後に伝わる話が一致すると、とても偶然では片づけられない。

しかし、まだまだユダヤと丹後には同一の神話が存在する。

それはユダヤ人が信仰したミトラ（P25写真参照）の神話である。

ミトラはバールの子供であるといわれ、バール自身が再生した太陽神であるともいわれている。バールとミトラは親子でありながら、同一神なのである。

アシュトラは、産んだ夫の妻になり、再び夫を産みつづけることで彼に「永遠の命」を与えるという神秘的な家族関係を三者は結んでいる。

ミトラやバールは水辺の洞窟《どうくつ》や岩から生まれ、時には人間の女の腹をかりて生まれ、人類の

バール神。右手に斧や棍棒、左手に豊穣のシンボルを持つバール神のスタイルは共通している。左のバール神は聖樹もしくは炎を左手に持つ（テル・アフマル出土。ともにルーブル美術館蔵）

ミトラ像（パレルモ美術館蔵）

犠牲になって死ぬという救世主的な一面を持った慈悲深い神であった。

このバール（父）・ミトラ（子）信仰は、のちにキリスト信仰へと変化していくことになる。

さて、このミトラ神であるが、ミトラは水辺の岩から生まれ、生まれたと同時に金の弓矢をもって闇《やみ》の獣を射殺し、この世に光をもたらしたと伝えられている。

一方、海部氏の系図の中で海部の祖神とされているのは火明命《ほあかりのみこと》という神だが、「火が明々と燃える」という名が示すように太陽神だとされている。

その火明命の直系に、佐佐田彦《さ さ た ひこ》（＝猿田彦神ともいわれる）という神が登場する。

佐佐田彦は、母神が加賀《か が》の神御崎《かみのみさき》の岩屋で出産し（ミトラは水辺の岩から生まれ）、その出産の際に金の弓が流れてきた（ミトラは生まれた時に金の弓を手にしていた）。そして「この岩屋は何と暗いのだろう」といって弓を射て岩屋に穴を開け光を通した（弓で暗闇の獣を射殺して世に光をもたらした）といわれている。

出雲風土記・神御崎にしるされるこの伝承から、佐佐田彦がミトラと同じ神格であることは間違いがない。

さらに、風土記における佐佐田彦の神話では、佐佐田彦の父神はサスラ神であると記されている。サスラ神とは、日本神話における流離《さすらい》の神スサノオのことにほかならない。

スサノオは暴風雨の神であり、頭に牛の角を持つことから牛頭天皇《ご ず てんのう》と呼ばれている。

一方、ミトラの父神は暴風雨神であり太陽神であるバールとされ、やはり頭に牛の角を持っている。

スサノオには八岐大蛇《やまたのおろち》を酒に酔わせて退治し、鉄の剣を手に入れたという神話があり、バールには七つの頭の龍を酒に酔わせて退治し、鉄を手に入れたという神話がある。

すなわちスサノオ神は佐佐田彦（ミトラ）の父神バール神である。

佐佐田彦は、冒頭で説明した伊勢の海人族の信仰していた太陽神、猿田彦神であるが、伊勢の興玉神社（猿田彦を祭る神社）の近くにある「蘇民《そみん》の森」[**]には牛頭天皇（スサノオ）を主人公とした「蘇民将来《そみんしょうらい》」[*]というユダヤの「過ぎ越しの祭」の伝承と大変よく似た話が伝わっている。

＊　蘇民の森には、金持ちの兄・巨旦《こたん》と貧しい弟・蘇民将来という兄弟が住んでいた。ある日、貧しい旅人が一夜の宿をこう。兄は旅人の滞在を断ったが、弟は快くもてなした。実はこの旅人こそ、牛頭天皇（スサノオ命《のみこと》）であった。
牛頭天皇は蘇民将来に「これから私が、疫病《えきびょう》を流行《はや》らせる。その時、玄関に蘇民将来の子孫の札を書いて貼《は》れば、お前の子孫だけは災難を受けないだろう」といい残して去っていく。そのとおり、疫病が流行り蘇民将来の一家だけは助かった。

札についても、スサノオを祭る京都の八坂神社にも同じ話が伝えられており、「蘇民将来子孫之守」の後ろにユダヤのシンボル六芒星《ろくぼうせい》を描く。蘇とは古代「牛」の意味があり、蘇民＝牛の民（バール神を崇める民＝ユダヤ民族）を表すと思われる。

＊＊「過ぎ越しの祭」

ユダヤ人を奴隷から解放しないエジプトに疫病を流行らせると神から告げられたユダヤ人だけが、神が命じたとおり「戸口に牛の血を塗る」呪《のろ》いで疫病を逃れたことを祝う祭。

以上のことを総合すると、海人族はユダヤの神話をそのまま伝えていたと考えて間違いない。海人は古代ユダヤ人なのである。

こう結論を導き出すと、読者の中には、いくら「ユダヤの神話」と「丹後の神話」が似ていても、ユダヤ人という人種が遠いオリエントから日本にやって来る可能性を否定される人もいるだろう。

しかし、日本に稲を伝搬したとされている苗族（ミャオ族。現在中国の西南部に生息する少数民族）の言語はシュメール語である。

すなわち、苗族はオリエントのチグリス・ユーフラテス川流域に国を築いたシュメール人の末裔《まつえい》であり、日本にはオリエントのシュメールから文化を携えた人々が移動してきたということになる。

また、一九八一年の血液型による民族分類の世界大会では、渤海《ぼっかい》からモンゴルにおける地域の民族の血液型を調査した結果、彼らが人種的にはアラブ系の民族だということが判明している。

古代、その地域には鮮卑《せんぴ》族という騎馬民族がいたのだが、鮮卑語が古代アラビア語で解ける理由が血液調査によって判明したのである。

このようにアラブ民族やシュメール民族が中国や朝鮮という東南アジアの国々に流入していたという事実を考えるならば、日本にユダヤ民族が来ていなかったと決めつけるほうが不自然なのである。

伊勢の海女がつける手拭いの文様はアシュトラの文様

猿田彦と伊勢を紹介したので、もう一つ、ユダヤと日本に共通する風習を紹介しよう。

伊勢国は丹後王国と同じ海人族が作った国だが、伊勢志摩の海女で有名である。

この伊勢の海女たちの行う独特の潜水漁法は、古代ペルシャ湾で行われていた漁法なのである。つい数十年前までは伊勢の海女は額に着ける手拭《てぬぐ》いにセーマンとドーマンと呼ばれる魔除《まよ》けの文様を付けていた。

セーマンとは五芒星。ドーマンとは横、縦の線を引いた格子柄の文様のことである。

このマークは古代のオリエントでも広く用いられた。三一ページの写真を見てほしい。船の舳先《へさき》にセーマンが刻まれているのが分かる。

オリエントでセーマンは、護身の守と水の女神アシュトラを意味し、ユダヤのダビデ王がこの紋を用いていた。

もう一つのドーマンは、水の女神アシュトラの住む海の神殿を表すマークであった。

ユダヤ人を含むオリエント民族は、この二つのマークを付けて、水の女神アシュトラに航海の無事や、大漁を祈っていたのである。

こうした日本とユダヤの共通点に、ユダヤ民族が日本に流れてきていたという以外に、どのような説明が見つかるだろうか？

特に、潜水漁法は海女が自分の母親などに幼いころから訓練されて、ようやく身につけることができるといわれている。

つまりペルシャ湾で行われていた潜水漁法を携えた人間が、伊勢に来ていなければ現在において伊勢志摩の海女は存在しないのである。

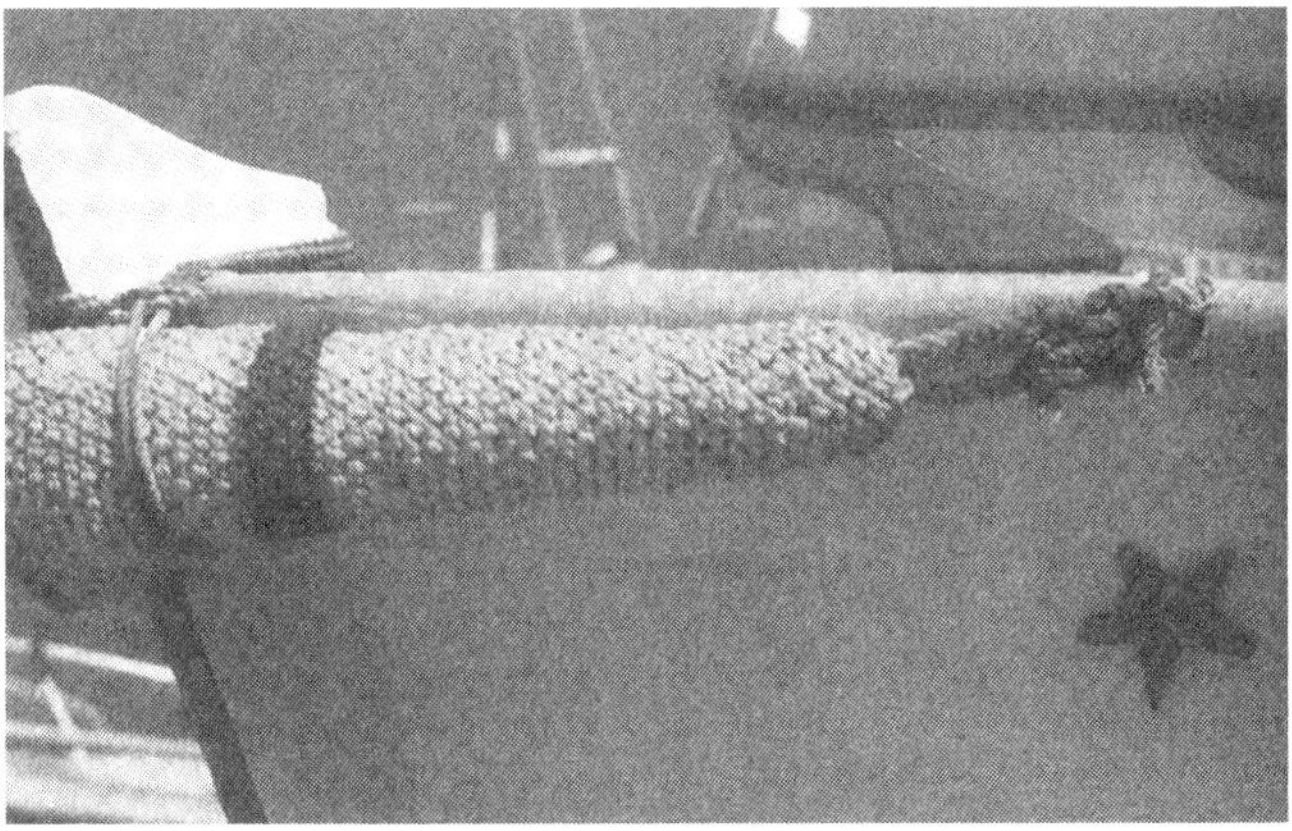

船の舳先にセーマン（五芒星）を刻み、航海の無事や大漁を祈る

セーマン。ダビデ王が用いた紋

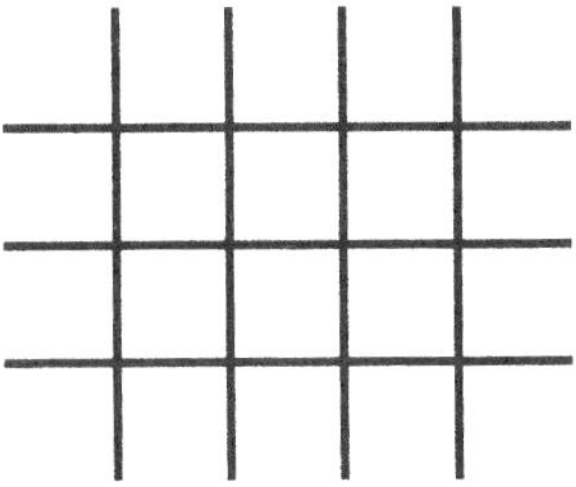

ドーマン。水の女神アシュトラの住む神殿を表す

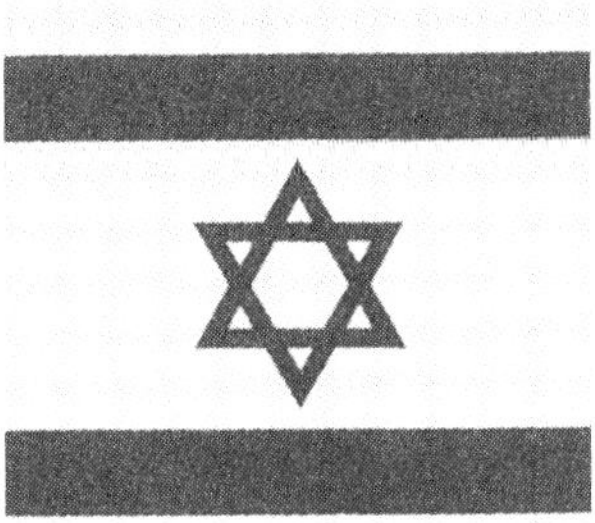

イスラエル国旗に見る六芒星。伝統的なユダヤのシンボル

古代ユダヤのアークが日本に伝えられていた？

しかし、次の話は今までの話以上に、「海人族がユダヤ人だった」という確証を与えてくれる。

ここに、海人族がユダヤ民族でしかあり得ないという確証をもたらす海部家の口伝が存在する。それは「真名《まな》の壺《つぼ》」と呼ばれる金の壺に関する口伝である。

与謝宮に伝わった御神体は「マナの壺」という金の壺であった。

海部家では代々の当主が日継《ひつぎ》の儀式の時に、この壺に「壺の表面の金」を刮《こそ》ぎ落として入れ、天の真名井と呼ばれる元伊勢の境内にある井戸の水をくんで飲むことをもって当主の交代をしてきたということが伝えられている。

そして、ユダヤにも「マナの壺」が伝えられていたことはあまりにも有名である。

ユダヤの宗教的な指導者であったモーセが、ユダヤ人を率いて砂漠を彷徨《さまよ》った時に、神から授かったマナという食べ物があった。

ユダヤ人はそれを金の壺に入れ、ユダヤ教のシンボルであるアークと呼ばれる箱に入れて練り歩いた。

アークの中には、マナの壺のほかに、「アロンの杖《つえ》」「モーセの十戒石」という神宝が納められていた。

これがいわゆる「ユダヤの三種の神器」である。

すなわち、①日本とユダヤという二つの民族にはアーク（舟）*という神輿《みこし》に似た箱を持って練り歩く習慣があった。

＊　日本においても伊勢神宮の神輿は舟と呼ばれている事実がある。

②その中には三種類の神器があり、③その中の一つが「マナの壺」であるという事実が存在するのである。
一般に伊勢神宮の舟の中には、八尺瓊曲玉《やさかにのまがたま》と草薙剣《くさなぎのつるぎ》と八咫鏡《やたのかがみ》が入っていると伝えられている。しかし、曲玉、剣、鏡という三種の神器は実は天智天皇《てんじ》、天武天皇《てんむ》の時代に新たに決定された王権のレガリアであって、それ以前の日本の歴史に現れる三種の神器とは違うものであるということが宮中記録にもハッキリと示されているのだ。

ではそれ以前、継体天皇《けいたい》や雄略天皇《ゆうりやく》が天皇の標《しるし》とした三種の神器とは何だったのか？

この謎を解くには、一つの古文書が大きな手掛かりを与えてくれる。

『古事記』以前の編纂《へんさん》である歴史書として、現在になってようやくその存在の価値が認められつつある『先代旧事本紀《せんだいくじほんぎ》』という藤原鎌足《ふじわらのかまたり》の南朝の子孫に伝わる歴史書である。

『先代旧事本紀』の伊勢神宮建立の由来には、三種の神器は猿田彦神が玉手箱に入れて守っていたものを、垂仁天皇の皇女である倭姫《やまとひめ》に差し出したものであるということがハッキリと書かれている。

つまり天智天皇以前の三種の神器とは、古代ユダヤ人の神・猿田彦神（ミトラ）が大和朝廷に譲渡したもの（「マナの壺」がその中の一つにあった）なのである。

しかし、海部家の口伝では古代ユダヤ民族（海人族）は「マナの壺」を大和朝廷に譲渡したと見せかけて、実は本物を内部で隠し持っていたということだった。

そのためか、大和朝廷が出雲《いずも》や丹後の海人族に再三「神器の検閲」を行ったり、「神器の譲渡」を迫ったことが『日本書紀』などに記録されている。

潮満玉・潮干玉は、モーセの十戒石である

元伊勢・与謝宮に伝わっていたもう一つの宝「潮満玉・潮干玉」には、海の水の満ち干を自由に操る力があった。その一方の潮満玉は空海と深く関わり、超人空海の活躍の陰に存在して

空海と深く関わる潮満玉と潮干玉には、モーセが航海の水を割った奇跡のように、海の満ち干を自由に操る力があった

いた物なのであるが、まずはモーセが紅海の水を割った奇跡の話を思い出してほしい。

この奇跡を起こした時、モーセは北のバールと呼ばれるバール神とその妻アシュトラを祭る神殿に面して宿営を張ることを神から命じられ、旅に出たことを聖書は記している。すなわちバール神の加護を願ってモーセは出発したのである。

バール神の妻アシュトラが「海の水を自由に操る力」を持っていると伝えられていることから、モーセの紅海を割る奇跡は、ヤハウェイの神の力というより、バールの妻アシュトラの力を借りたものであったと考えられる。

実は、モーセの時代の「ユダヤの三種の神器」は、バール、アシュトラ、ミトラ「父・母・子」の神聖な三神を表すものだったのである。

アーク（聖櫃《せいひつ》）は特別な物ではない。

モーセ以前からユダヤ民族には神殿に「神の箱」と呼ばれるアークと同じようなものが存在していた。

ユダヤ人はバールやアシュトラの神殿に、「神の箱」を置いていたのである。

アークの中に納められていたといわれる「アロンの鉄の杖」「マナを入れた壺」「十戒石」は、それぞれ「鉄の神バール」「アシュトラの持つ命の力を秘めた壺」「ミトラが生まれる石」を象徴したものだったと思われるのである。

日本の古代ユダヤ人（海人族）の伝承を総合すると、「三種の神器」は元伊勢神宮・与謝宮に伝わっていた「マナの壺」「潮満・潮干玉」に加えて「鉄製の天《あま》の逆矛《さかほこ》・あるいは剣」の名が挙げられている。

この中で、「マナの壺」はそのまま「マナを入れた壺」であり、「鉄製の天の逆矛・剣」と「アロンの鉄の杖」も容易に相似性のあることが確認できる。

「モーセの十戒石」と「潮満・潮干玉」はちょっと、想像しづらいので、両者を比較してみよう。

モーセの十戒石は「聖書」では次のように記述されている。

――主はシナイ山でモーセと語り終えられた時、二枚の掟《おきて》の板、すなわち神の指で記された石の板をモーセにお与えになった。

このように、十戒石も潮満玉、潮干玉と同じく二体で一対になっていた。

形状は映画「十戒」で見られるような薄い石板ではなく、古代ユダヤ人が重宝がった隕石《いんせき》やエメラルド、紫水晶などの原石であっただろうといわれている。*

＊　ユダヤを含むオリエント地方では、御神体として隕石・紫水晶・エメラルドなどの原石が神殿に飾られていた。モーセが登ったシナイ山にもバール神殿があったことから、モーセの石板は、バール神殿の御神体であろうと思われる。

一方、潮満玉と潮干玉は別名如意宝玉《にょいほうぎょく》とも呼ばれ、聖徳太子が所持していた如意宝玉と呼ばれる玉は、『隋書倭国伝《ずいしょわこくでん》』で伝えられるところによると、六〇七年、聖徳太子が阿蘇山《あそさん》で禱祭りを行ったことが書かれており、その次の項に「如意宝玉あり、その色青く大きさ鶏卵の如《ごと》く」と記されている青く光る水晶であったというので、紫水晶だと思われる。

潮満・潮干玉はだんだんとモーセの十戒石に近づいていくのである。

隠蔽された古代ユダヤ人の歴史

日本神話には、後にやってきた新興天孫族と古代ユダヤ人（海人族）の政権交代の歴史が巧妙に細工されて登場している。

同じストーリーを、重複して神の名前を変えたり、物語として分割したりする方法で複雑にして、実態を分からなくする方法がとられているのである。

しかし、それは海人族の実態をさまざまな歴史的背景から把握すると解読することができるのである。古代ユダヤ人（海人族）の実態を知るのに参考となる書物に、宇佐八幡宮《うさはちまんぐう》の代々の宮司を務める名家（旧男爵）五十七代目宇佐公康《うさきみやす》氏が宇佐家に伝わる口伝を記した『古伝が語る古代史』がある。ここで公康氏は古代ユダヤ人（海人族）について以下のように述べられている。

「宇佐族は日本最古の種族といえる民族である。その分布は丹後地方から京都の稲荷山《いなりやま》の南まででであったが、そこに猿田彦族（古代ユダヤ民族）が侵入し、後退を余儀なくされたのである」

ここで猿田彦族（海人族）は、丹後から京都の稲荷山までに勢力範囲を誇っていたことが、宇佐家という客観的な立場から明らかにされている。

一方、海部氏の口伝は海部氏の祖神・火明命は最初、丹後に国を築き、やがて近畿圏一帯にその勢力範囲を広げたことを伝えている。

それを裏打ちするように、宇佐家口伝で現在神武天皇陵《じんむてんのうりょう》とされているものは、火明命の御陵であると伝えられており、古代ユダヤ人（海人族）が丹後から近畿圏一帯の支配的立場にあったことが明らかになるのである。

すなわち、古代ユダヤ民族（海人族）こそが、原初の大和地方の支配者であり、古《いにしえ》の天孫族だったのである。

さて、そこで新興の天孫族が、日本列島に進出してきた経緯を『古事記』や『日本書紀』に記される天孫降臨の場面から検証してみよう。

『古事記』より意訳

――ニニギ命（天孫＝現在の天皇家の祖神）が天（海）から日本列島に着こうとする道の途中、一人の神がその道を妨害していた。その神は長身で黄金色に輝いており、そのため、ニニギ命の一行は道を進むことができなかった。

そこで、ニニギは高木神《たかぎのかみ》と天照大神に作戦を伺うと次のようにいわれた。

「宇津女《うずめ》を行かせなさい。宇津女は姿形はか弱い女であるが、どのような神と向かい合っても勝つ神であるから」

宇津女はニニギの命令を受けて、道を妨害している神のもとに向かった。

宇津女が裸体になり、笑いながら名を尋ねると、道を妨害していた神は次のように答えた。

「私はこの国の神で、名を猿田彦という。天孫が来られるというのでここにお仕えしようと思って待っていた」

ニニギの一行は猿田彦に案内されて現在の九州に上陸し、宇津女は猿田彦の妻となって、ともに伊勢に行った。

古天孫族、新興天孫族という呼び名は混乱しやすいので、これ以降は前者を古代ユダヤ人、後者を天孫族と呼ぶように統一させていただくことにする。

まずこれは、若狭《わかさ》湾付近での天孫族と古代ユダヤ人のやりとりである。

猿田彦神が古代治めていた伊勢は現在の伊勢ではない。

海部氏によると近江《おうみ》付近にあった伊勢のことである。

丹後には地名として伊勢野というところが残っているが、波打ち際の土地は伊勢と呼ばれていたらしい（伊勢とは磯《いそ》の訛《なま》った言葉）。

つまり、朝鮮半島から渡航してきた天孫族の一行は、丹後の若狭湾辺りに上陸しようとしていたことになるだろう。

ところが古代ユダヤ民族の妨害に遭い、上陸できなくなってしまう。

この経緯の中で、猿田彦神の取って付けたようなニニギに対する尊敬の言葉を抜き取ってみると、天孫降臨の場面は次のように解釈されるのが自然である。

困った天孫族は、宇津女（巫女）を古代ユダヤ民族に差し向ける。

古来、戦場で女を敵の大将に差し出すという行為は、服従と命乞《ご》いを意味していた。古代ユダヤ民族はこれを受け、天孫族を道案内して現在の九州に上陸を許可した。

九州は当時、朝鮮半島の連合国家という状態であった。朝鮮半島からやって来た天孫族を、古代ユダヤ民族は自分たちの管轄外であり、天孫族が上陸するのにもっとふさわしい場所に案内したという訳であった。

北九州に天孫族（現在の皇室の祖神）の国が誕生し、丹後から畿内にかけて古代ユダヤ民族の国が存在することになった。

両者は王族同士が婚姻関係を結び、平和的に共存していたらしいが、三世紀にその均衡を崩す大異変が起こった。

騎馬民族の朝鮮侵入が日本に朝鮮王国を移転させた

その鍵は、応神《おうじん》天皇という三世紀に存在した人物が握っている。

海部氏の口伝では、応神天皇を朝鮮半島から九州天孫族王朝に入《い》り婿《むこ》した王であり、九州から畿内への東征をした張本人であるとし、神武天皇・崇神《すじん》天皇は、応神天皇を焼き直した人物であるとされている。

天皇家は立場の優位性を誇るために、応神天皇という一人の人物を、神武天皇、崇神天皇という二人の天皇に焼き直してそれ以前の日本の歴史に登場させていたのである。

たしかに応神天皇という人物には史実上、不自然な点が目立って多い。

まず出生からしてそうである。父の仲哀《ちゅうあい》天皇が変死した後、母の神功《じんぐう》皇后が朝鮮に出兵し産み月を遥かに超えてから生まれたことになっている。

応神天皇の焼き直しとされる崇神天皇の呼び名、ミマキイリヒコを任那《みまな》（朝鮮の国家）から入り婿した男だとする説をとなえる研究家も多い。

歴史的な資料でみれば、応神天皇の時代に膨大な数の朝鮮系の渡来人が訪れたということも見逃せない。

では三世紀ごろの朝鮮半島では何が起こっていたのか？

騎馬民族の朝鮮半島侵略である。

騎馬民族の侵入で、朝鮮半島にいた人々が国を逃れて、まずは連合国であった北九州に数多く移住しはじめた。

そして勢力が強大になってくると、騎馬民族の脅威から逃れるために、さらに東の日本列島本土へと国を移すべく東征してきたのである。

その結果、古代ユダヤ民族（海人族）は畿内を明け渡し、多くのものは東国や丹後、但馬《たじま》地方、四国などに移住するようになった。

そして、わずかに畿内に残った者たちも、徐々に山岳地帯や海辺などの農耕に適さない（農耕民族から見れば）辺境の地へと追いやられていくことになる。
その経過が風土記における伊勢国号の由来に表されている。

――そもそも伊勢の国は天日分命《あめのひわけのみこと》が平定した国である。天日分は神武天皇が九州から東の国を征討された時、天皇に従って紀伊《きい》の国（和歌山）の熊野《くまの》の村についた。その時、天日分に命令して「はるか天津の方に国がある。ただちにその国をたいらげよ」といわれて、将軍としての標《しるし》の剣を賜った。天日分は東に入ること数百里であった。その村に神があって名を伊勢津彦《いせつひこ》といった。その神が神武天皇に国を明け渡すことを嫌がったので、天日分が殺そうとしたところ、神は恐れて「私の国はことごとく天孫にたてまつりましょう」と誓い、東の方へ去って行った。

現在地の伊勢は、このようにして古代ユダヤ民族（海人族）が元伊勢を天孫族に譲り渡したのち、東国に落ち延びて形成した国なのである。

古代ユダヤの神の祟りを恐れた天皇家

ところが古代ユダヤ民族（海人族）から天孫族への政権交代は、思ったほどスムーズに行うことができなかった。

その原因となったのがユダヤ民族の神の祟《たた》りである。

元来、天照大神は天孫族以前は天皇家の御所で祭られ、天皇は神と寝食をともにするならわしであった。

これについては現在の海部家ではいまだもって受け継がれている習慣である。

ところが朝鮮半島から来た応神天皇が大和入りし、古代ユダヤ人（海人族）の領土を手に入れた時に疫病が流行った。

そのことは、応神天皇の焼き直しである崇神天皇の即位の物語から伺い知ることができる。

崇神天皇は三輪山《みわやま》の麓《ふもと》の師木《しき》の水垣《みずがき》の宮で即位した。

三輪山は古代ユダヤ王国・出雲の大国主《おおくにぬし》を祭っていることからも分かるように、古代ユダヤ人の畿内での信仰地であった。

崇神天皇は古代ユダヤ民族の聖地・三輪山を占領することによって、天皇になった。

信仰の中心地を支配することがいかに重要なことかは、現在のパレスチナ問題の起因となったユダヤ民族イスラエル移住を進めたシオニズム運動が、民族意識の統合のために、ソロモン神殿のあったユダヤの聖地イスラエルに固執したことから始まっていることを考えればよく分かることだ。

信仰の中心地を占領し、王として名乗りを上げた崇神天皇であるが、この時に国中に悪疫が流行り、人々がバタバタと死んでいった。

恐れおののいた崇神天皇は宮中にあるユダヤ民族の神を伏し拝み、自分には天皇になる徳がないのではとすら思案することになる。

ユダヤ人の神は怒る相手に対して疫病をふりまく神である。

旧約聖書においても、ユダヤの神はユダヤ人を奴隷にしていたエジプトの国内に疫病を流行させてファラオを震撼《しんかん》させている。また、隣国のペリシテがアークを略奪した時にも、ペリシテ中に疫病が流行り、恐れたペリシテ人がアークを返してきたことが記されている。

時をへて日本でもこれと同じことが起こったのである。

崇神天皇が神殿に伏し拝んでいる時、そこにユダヤ民族の神（三輪の神）が現れ、自分の祭事をオオタタネコという大国主の神の子孫にまかせれば悪疫が収まると告げるのである。

さっそく、崇神天皇は祭事を古代ユダヤ民族であるオオタタネコに任せ、御所に祭られていた神を三輪山に祭り直すことにしたのだった。

すなわち、祭政一致であるはずの古代社会において、政を天孫族が、祭事を古代ユダヤ民族が司るという変則的な政治形態が発生したことになる。

そのため、天孫族は国の支配において完全な優位をとることができず、しばしば各地の諸民族の反乱に悩まされる結果となった。

加えて、天皇即位式などの重要な政権交代の際にも、物部氏《もののべ》（海部氏と同じく火明命を祖とする古代ユダヤ民族）の力を借りなければならないという弱気の政権が成立したのである。

神道とユダヤ教

三種の神器の一件でも分かるように日本古来の宗教である神道は、もともとユダヤ民族（海人族）の信仰であった。

大和朝廷において祭祀《さいし》を行っていた物部、三輪などの一族は、丹後の海部の氏族だったのである。

ここで、ユダヤ教と神道を比較してみよう。

まず両者の大きな違いは、ユダヤ教がヤハウェイの一神教であるのに対し、神道が多神教であるということである。

しかし、実際は前述したように古代ユダヤ人の信仰というものは神道と同じく多神教に類するものであった。

神道では、木や石に神が宿ると考えられていたが、ユダヤ人もこれに関しては同じであった。旧約聖書を読めば、アブラハムやヨセフ、ヤコブといったユダヤ人の祖先たちが神の現れた場所に石をたてて祈っていることが分かる。

また、ユダヤにおいては杉の木に似たアカシアの木に神が宿るとされていた。

次に神官の装束や山伏の装束と、ユダヤの宗教における伝統的な装束を見てもらいたい（P49参照）。よく似ている。

神話の類似点については前述したが、神社の神殿の造りとユダヤの神殿の造りも似ている。ユダヤの神殿の前には、出雲大社などの古い神社と同じく二つの柱が立てられ（日本では鳥居の形で立てられているが、出雲などの古い神社では二本の柱にしめ縄を渡しただけの形になっている）、二頭の獅子《しし》の像が置かれていた。

さらに、日本とユダヤの神殿はともに「拝殿」と「至聖所」の二重構造になっていて、一般の人々は奥の部屋に入ることができない。

両者とも、奥には神官として特別な資格のあるものだけが参拝を許される仕組みであった。

そしてユダヤの神殿には神社にあるような鏡が置かれていた。

また、参拝する時には両者ともに、水によって禊《みそぎ》を行った。

至聖所と呼ばれるユダヤ神殿の奥には、上に二対のケルビムと呼ばれる羽根のある天使の像

景教寺院跡の壁画と見られ、司祭や訪れる信者たち（神官と思われる）の姿からユダヤ教における伝統的な装束がしのばれる（インド、カラ・コージョ出土の塑壁彩画、西ベルリン国立美術館蔵・部分）。左は伊勢神宮の神官の装束

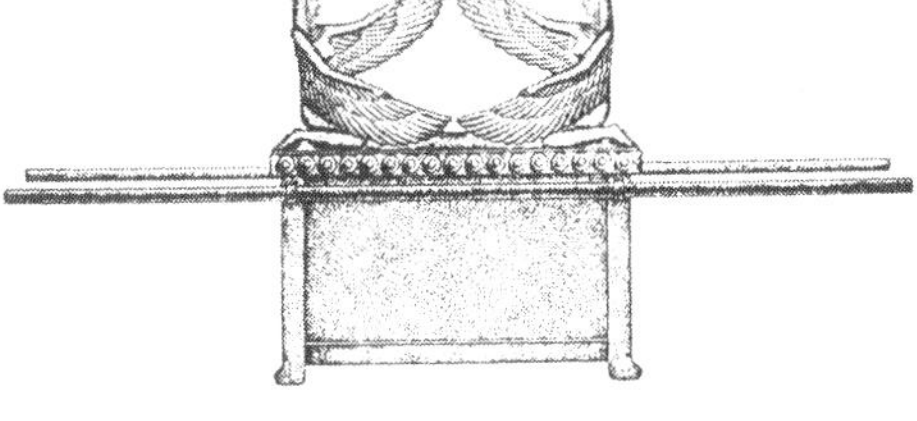

アーク（舟）の予想図（『世界の歴史2　古代オリエント』河出書房新社より）

を施し、金箔《きんぱく》で張られ、担ぎ棒のついたアーク（舟）と呼ばれる箱が置かれていたが（P49参照）、伊勢神宮の奥にも舟と呼ばれるアークさながらの神輿《しんよ》が存在した。

中には両者ともに「三種の神器」が入っており、その中の一つは「マナの壺」と呼ばれていた。

アークを取り扱えるのはユダヤ人の中でレビと呼ばれる特殊な人々だけだったが、伊勢神宮の中でも丹後から神器譲渡に付き添った渡来氏《わたらい》という人々だけが、舟を取り扱うことを許されていた。

ユダヤではアークを持って行進する時に、幕を作ってアークを隠しながら行進したが、現在行われている伊勢の遷宮でも、舟の回りには移動中幕が張られ隠されている。

これだけの共通点が存在すれば、ユダヤ教と神道が同じルーツから出たのではないかという論議が学会に取り上げられないことのほうが奇妙なのである。

古代ユダヤ「燔祭《はんさい》の風習」と「終末の預言」が日本にもあった

ユダヤ教と神道の多くの類似点を比較してきたが、それだけでは不平等なので、客観性を守るために両者の違いについても検討してみたい。

二つの宗教には、現在四つの大きな相違点が存在する。

1　燔祭《はんさい》習慣（動物の生《い》け贄《にえ》の習慣）
2　割礼
3　食文化に関する厳しい取り決め
4　終末預言の有無

その中でも「燔祭」は、ユダヤ教では神に供物を捧《ささ》げるための必要不可欠な儀式とされていた。

現在、そのような習慣を持っている日本の神社は存在しない。

しかしである……実は、古代は頻繁に「燔祭」が行われていたという記録が残っているのである。

『日本書紀』六四二年

——村の祝部《はふりべ》のいうとおりに牛馬を殺して社に贄を捧げたり、市を移してみたり、川の神に祈ったりしてみたが、雨の降るしるしはなかった。

『続日本紀』七四一年

――牛馬は人に代わって田畑を耕すものであるから、殺してはいけないという決まりがあるにもかかわらず、国々はそれを禁止することがいまだにできていない。

『続日本紀』七九一年

――伊勢、尾張《おわり》、近江、美濃《みの》、若狭、越前《えちぜん》、紀伊などの百姓、牛馬を殺すことを断つ。

こうした年代の記録を整理すると次のような「燔祭」の歴史が浮かび上がる。

七世紀の中ごろには、牛や馬を頻繁に「燔祭」していた。

しかる後、七四一年に「燔祭」を禁止する法ができたが、まだそれに従わぬ者が多かった。

七四一年は、聖武《しょうむ》天皇が仏教を国教と定めた年であった。すなわち、「燔祭」の習慣は国家仏教によって、取り締まられだしたのだと見ればよい。

そして、ようやく七九一年に、その「燔祭禁止」が行きわたった。このころになって、ようやく「燔祭」を止《や》めた国々を見てほしい。いずれも古代ユダヤ民族（海人族）の国なのである。

すなわち、七九一年まで古代ユダヤ民族（海人族）は公に燔祭習慣を持っていたのであった。

つまり、本編の主人公である空海が、大学へ入る年の十五歳まで、あちこちで「燔祭」の風習が行われていたのである。

2の割礼に関しては、ユダヤの歴史の中でも長らく行われていなかった時期もあり、絶対的なものであるというわけではないらしい。

3の食物に関する取り決めが、古代の日本の中にあったかどうかは全く記録には残されていない。

4の終末予言の有無でいえば、むしろ問題は、旧約聖書に匹敵する古文書が発見されていなかったことである。ところが、近年注目されだした『先代旧事本紀』が、その原型をわずかばかりとどめているようなのである。

日本民族の歴史を記した歴史書の中に『未然本記《みぜんほんぎ》』なる聖徳太子の予言の章が設けられているという形式が、ユダヤ民族の歴史書とヨハネの黙示録で構成される「旧約聖書」の編集と似通っている。

しかも『未然本記』の内容は、終末の世の中の乱れ、神を忘れる民衆、頽廃《たいはい》していく風俗の中でのニセ予言者の出現、そして地震、闘争という天変地異、最後に現れる太陽の遣いであるメシアという「黙示録」そのものの内容なのである。

民族の歴史部分においては、内容の比較検討がこれからの研究者の課題となるだろう。

できれば私もこれを発表できる機会を持ちたいと思っている。

しかし、少なくとも「燔祭」と「終末の世とメシアの到来」というユダヤに特徴的な二つが古代日本に存在していたことが見いだされるのである。

第二章

古代ユダヤ民族は密教で復権を図っていた

古代ユダヤ民族の後退を決定的にした仏教の導入

天孫族の支配は長い間、不安定なものであった。特に第二十五代武烈《ぶれつ》天皇の没後、天皇位の後継者が存在せず、長い間天皇位が空白になるという事態が起こった。

『古事記』はそう伝えているが、これは考えてみると大変おかしな説明なのである。没した天皇に子供がいない場合、叔父や従兄弟《いとこ》といった血の繋《つな》がりで天皇になることはよくあることだ。ところが武烈天皇の時にだけその後継者選びができなかったのは、なんらかの圧力が天皇の選出に対してかかったと見たほうがよい。

結局、次の天皇は大豪族・大伴《おおとも》氏の後押しで近江《おうみ》から迎えられた男大迹命《おおどの》が、継体《けいたい》天皇として即位した。

海部《あまべ》氏の家系図は、継体天皇が（本妻として）海部直《あたい》の娘・目子姫《めのこひめ》の夫であったことを記している。

つまり、継体天皇は海人《あま》族と結ばれた海人の地（近江）から来た古代ユダヤ民族（海人族）の天皇だったのである。

これは、天皇位が海人族に戻されてしまったことを示している。

その理由として、雄略《ゆうりゃく》天皇から武烈天皇までの時代、天孫族同士の天皇位争いが苛烈《かれつ》をきわめ、互いに弱体化したことが考えられる。

継体天皇は先の仁賢《にんけん》天皇の娘、手白髪皇女《たしらかのひめみこ》を妻として欽明《きんめい》天皇をもうけたが、目子姫との間にも安閑《あんかん》天皇、宣化《せんか》天皇という二人の皇子がいた。

結局、継体天皇の没後、欽明天皇が天皇として名乗りを上げたが、これに反発する勢力が安閑天皇、宣化天皇を押し立てて別の王朝を名乗る事態が生じた。

つまり、大和朝廷が二つに分裂したのである。しかし、これは結局二年余りで鎮圧された。

「このままではいけない。天孫族の支配を完全なものにしなければ！　それには、祭政一致を強固なものにして、海人族の神より、強力な神を迎え入れなければ……」

このように考えて、当時大陸で大普及していた新興宗教である仏教の導入を決行したのが欽明天皇擁護に努め新渡来勢力と強く結ばれていた蘇我《そが》氏＊であった。

この蘇我氏を百済《くだら》系の渡来人と見るむきも研究者の中には多い。

＊　一説には葛城《かつらぎ》山系の氏族の一つだったともいうが、馬子《うまこ》以前の家系図が不鮮明で、父が稲目《いなめ》、祖父が韓子《からこ》とだけ分かっている。

祖父の韓子が朝鮮系の名前と考えられるため、葛城系の小部族であったものが、朝鮮の渡来系一族と結びついたことによって、急速に勢力を拡大していったものと考えられる。

これによって、欽明天皇から次の敏達《びたつ》天皇の時期には、古くからの神道擁護と仏教導入派に分かれて朝廷内の古代ユダヤ民族（海人族）と天孫族の闘争が繰り返された。

そして、その勝敗を決したのが五八七年に起こった「蘇我・物部《もののべ》の決戦」であった。この決戦で、朝廷の祭司であったユダヤ一族・物部氏が破れたことで、神道衰退が決定的なものになった。

そして、天武《てんむ》天皇の時代になると厳しい国制が敷かれ、『帝紀《ていき》』『旧辞*』というそれまであった（日本国のユダヤ民族の歴史が書かれていた）歴史書が焚書《ふんしょ》され、あらたに天孫族に都合のよい『古事記』が編成された。

＊　帝紀、旧辞　は古事記編纂のもとになったといわれているが、先の二つにもっとも近い内容を持つと思われる『先代旧事本記』が、『古事記』とはかなり異差のある内容を持つことから、むしろ帝紀、旧辞は焚書されたと考えられる。

やがて七四一年には、聖武《しょうむ》天皇によって国分寺、国分尼寺の建立の詔《みことのり》が出されて仏教は国教として全国に強制的に布教された。

各地の豪族は天皇家への服従を表明するために仏教徒に改宗を迫られ、奈良の東大寺《とうだいじ》の建立に際しては、仏教徒であることの踏み絵として多くの寄進を要求されたのであった。

歴史記録には、東大寺の建立に必要な物資の取り立てのため、民衆が困窮に喘《あえ》いだことが残されているが、そのほとんどはユダヤ民族（海人族）に対しての重税だったのである。

奈良の東大寺の建立に必要なのは、主に大仏鋳造に必要な膨大な金や銅などであった。

このころのユダヤ民族の豪族は、山岳に追われて住んでいたことから、採鉱を営むものが多く、優秀な金属師の集団をかかえて鉱物資源で私財を蓄えていた。

朝廷は、これらの私財の没収を図ったのである。

ユダヤの神への「燔祭《はんさい》」習慣が徹底的に取り締まられたのも、この年であった。

しかし、こうした朝廷の圧政の中にあって、根強く天孫族に対抗する畿内《きない》の古代ユダヤ民族（海人族）の勢力が存在した。

その最たるものが、葛城山系の大豪族である葛城氏だった。

古代ユダヤ民族（海人族）は、朝鮮半島からの新勢力に押されて後退を余儀なくされていく過程で二つの支流に分かれていた。

海辺や川辺に住み漁業を営む海洋民と、山岳地帯に追いやられ狩猟や採鉱を行う山岳の民の二派である。

海人＝山の民である実態は、常陸国風土記《ひたちのくにふどき》にある夜刀《やと》の神の伝承にも記されている。

〔常陸国風土記より〕

――継体天皇の世にヤハズの麻多智という偉い人がいた。麻多智は郡役所から西の谷の葦原《あしはら》を占有し、開墾してあらたに田を作った。この時、夜刀の神は群をなし互いに仲間を引き連れてことごとくみなやって来た。そしていろいろさまざまに妨害し、田を作り耕させなかった。ここにおいて麻多智は激怒の心を起こし、鎧《よろい》で身を固め、自身で矛を手に取り、撃ち殺し追い払った。そこで山の登り口に行き、しるしの大きな杖《つえ》を境界の堀に立てて、夜刀の神に宣告して「ここから上は神の土地とすることを聞き入れてやろう。だがここから下は人の田とするのだぞ。今後は私が神の祭祀《さいし》者となって、代々末長く祭ろう。どうか崇《たた》ることのないよう、うらんではならんぞ」といって社を作りおさめた。

ここでいう夜刀の神は、〔谷間に流れる川部にすんでいた古代ユダヤ民族（海人族）のことである。彼らはこのようにして、平地から山の上へ追い上げられ山の住民となった。

山の民たちの獣の皮をはおり、鉄の道具を使役するその姿は、農耕民の天孫族からは異様な風体と映り、いつしか彼らの信仰するバール神の姿と同一視されて、鬼（隠身）という妖怪《ようかい》になっていったのである。

朝廷にとっては、武器や富と直接結びついた彼らは、手ごわい反対勢力であった。

仏教支配への反発は古代ユダヤ民族（海人族）から始まった

大阪府と奈良県の境にある葛城山脈の麓は、古代ユダヤ民族（海人族）の大豪族・葛城氏の古くからの本拠地であった。

葛城氏は海部氏と婚姻関係にあり、かつては海部氏と協力して大和・葛城国を領した氏族である。葛城山系の氏神は一言主神《ひとことぬしのかみ》といわれ、絶対的な予言*を下す呪詛《じゅそ》的な神として崇《あが》められていた。

その神威は絶大で、大和朝廷すらその扱いには気を使うほどであった。

＊　予言はユダヤやオリエントで主に太陽神の管轄であった。

雄略天皇の時代には、まだ葛城山系の古代ユダヤ民族（海人族）の勢力が朝廷と均衡していた様子が『古事記』の葛城山・雄略天皇と一言主神の出会いの場面に窺《うかが》われる。

〔『古事記』より〕

——雄略天皇が葛城山に登られた。この時、大王は青い服を着て紅《あか》い紐《ひも》を腰に巻いた多くの家来を従えていた。すると反対側から大王と同じ服を着た行列が山を登ってきた。

雄略天皇は、それを見て不思議がってこういった。

「この日本で、私以外に大王のようなふるまいをしている者は誰だ」

すると相手はそれと全く同じ言葉を返してきた。大王は大いに怒り、家来に矢をつがえさせた。「戦う前に互いの名を名乗ろうではないか」と大王がいうと、相手はこう答えた。

「我は、悪事も一言。善事も一言でいい放つ一言主神である」

これを聞いて大王は大そう畏《かしこ》まり、お供の者の服を脱がせて一言主に差し出した。神はそのことをたいそう喜び、一行を山の下り口まで見送った。*

＊　一九九二年八月、この舞台となった葛城の古道が見つかった。

場所は奈良と和歌山を結ぶ国道二四号線の最高点風の森峠からさらに西に上り詰めた所にあり、谷一つ隔てた西方の山の中腹には式内社、高鴨《たかかも》神社がある。

道路は排水や舗装が施された手のこんだ仕上げになっており、当時の葛城氏の高度な技術力が忍ばれるのである。


このように、九州より東征し、古代ユダヤ民族（海人族）の領地を侵略していった応神《おうじん》天皇から六代後の雄略天皇の時代まで、天皇家と均等な力を誇っていた葛城山系の古代ユダヤ民族（海人族）は、大和朝廷が勢力を拡大していく中でも、我らこそ河内《かわち》の支配者という意識を失ってはいなかった。

しかし、雄略天皇の時代は、古代ユダヤ民族（海人族）にとって、最も試練の時代ともいえた。

雄略天皇の在位、四五六～四七九年の間に、天孫族と古代ユダヤ民族（海人族）の力は、完全に逆転したのである。

その最たる事件が、丹後《たんご》のユダヤ王朝にあった神宝の大和朝廷への譲渡だった。

現在の伊勢神宮外宮に祭られている神は、もともと丹後のユダヤ王朝より奪い取られた神なのである。

この経緯に関しては、丹後風土記にある「浦島子の物語」と、『先代旧事本紀《せんだいくじほんぎ》』にある「伊勢神宮由来」を合わせ読むと真相が浮かび上がってくる。

浦島太郎の物語に秘められた三種の神器の秘密

雄略天皇の二十二年の七月、丹後比沼真名井原《まないはら》（元伊勢神宮）より外宮の神が、現在の伊勢神宮に迎え入れられたと『止由気《とゆけ》儀式帳』（八〇四）は記している。*

＊　丹後から、この遷宮に随行した古代ユダヤ民族（海人族）の渡来氏《わたらい》は、現在でも伊勢神宮の守り役をする祭司一族である。渡来氏は自らを「ウルノフル」と呼ぶ。「ウルノフル」とはシュメール語で、ウル（シュメールの都市の名）の王という意味である。これは、ユダヤ人の祖アブラハムが、歴史的に見るとシュメールのウルから旅立ったシュメール人だったことに起因すると思われる。

一方、丹後風土記には、同じ雄略天皇二十二年の七月、浦島子（浦島太郎）という海部の祖先にあたる人物が龍宮《りゅうぐう》城に行き、乙姫から玉手箱*をもらうという出来事が記されている。龍宮城は、女島、男島という二つの島の中心にあった（水没した）中津神島のことであった。古来、中津神島に、古代ユダヤ民族のシンボル「アーク」があったのである。

さらに、『先代旧事本紀』「伊勢神宮由来」に目を移すと、倭姫が猿田彦神《さるたひこのかみ》に「三種の神器」の入った玉手箱を譲られ、伊勢神宮を建立したと記される。

これら三つの物語を総合して考えると、次のようなストーリーが浮かび上がってくる。

雄略天皇の二十二年の七月、ついに大和朝廷の力は完全に古代ユダヤ民族の勢力を圧倒し、丹後ユダヤ王朝からアークを譲渡させた。

アークを大和朝廷に献上したのが、海部氏の祖先である浦島子である。

彼は海の神殿から三種の神器の入ったアークを受け取り、これを倭姫に手渡した。

倭姫の手によってアークは伊勢に遷宮され、伊勢神宮を建立された。

＊『日本書紀続釈』に雄略天皇が（玉手箱のように）決して開けてはならないとされていた箱を開け、黄金の壺《つぼ》を見たことが記されている。これこそが、「マナの壺」だったと考えられる。

後に、大和朝廷は古代ユダヤ民族（海人族）の太陽神が、大和朝廷に平伏して神器を譲渡したと『先代旧事本紀』に記すことで大和朝廷を優位づけた。

しかし、さらに後に編纂《へんさん》された『古事記』では、完全に古代ユダヤ民族の優位を抹殺するために、「三種の神器は大和朝廷の先祖が太陽神から受け継いだ」という歴史を作り上げたのである。

丹後のユダヤ王国が、アークを大和朝廷に譲渡するという事件は、当然畿内の古代ユダヤ民族（海人族）を動揺させ、その求心力を低下させて勢力図に激変をもたらした。

その結果、『続日本紀《しょくにほんぎ》』巻第二十五に記されるように、雄略天皇により葛城山の一言主神は捕えられ、流罪にされてしまうのである。

一言主神の流罪にともない、葛城地方では一言主神を祭った神社も撤去されていった。葛城山系の古代ユダヤ民族（海人族）には、公に神を祭ることもできない暗黒の時代が訪れたのである。

しかし、古代ユダヤ民族（海人たち）は、復権の機会を不屈の魂で待ちつづけていた。海部の祖先浦島子が大和朝廷に神器を譲渡したとみせかけ、つい最近の廃仏毀釈《はいぶつきしゃく》の時まで「マナの壺」を隠し持っていたように、古代ユダヤ民族（海人族）の信仰は、容易なことでは揺るがなかったのである。

役小角から始まった「毒をもって毒を制する」戦略

聖武天皇の時代に本格的に始められた国家宗教を仏教とする動きは、神道を駆逐し、もはや止めきれぬものであった。

神道が木や石を御神体とした素朴、自然崇拝的、シンプルな宗教であるのに比べ、当時の新興宗教・仏教は絢爛《けんらん》豪華な極彩色の伽藍《がらん》を持ち、目もくらむような黄金の仏像をそなえて、香《こう》の香り、梵鐘《ぼんしょう》の音、読経《どきょう》の声などに彩られた見たこともないキラキラしい神々の寺院を民衆に提供したのである。

一般の民衆は、次第にこの新しい神に魅せられていった。

今でいえば、仏教のプロデュース力が、神道を遥《はる》かに上回っていたということになる。

朝廷の強力な後押しを得て、仏教熱が国中に蔓延《まんえん》する中、葛城氏系の豪族・鴨《かも》族の中から国家仏教に対抗しようという新たな動きが起こってきた。

それは六三四年（舒明《じょめい》天皇六年）加茂役《かものえだちの》君小角《きみのおづの》の出生から始まった。

世にいう、役小角《えんのおづの》の生誕である。

加茂役君小角という名は、鴨族の中の特殊な役を担う家系の小角という意味で、小角の家系は葛城の一言主神の予言や神託を担う神官の家系であった。生まれた時から小さな角が頭に生えていたから小角といわれるが、これこそは小角が鬼と呼ばれた採鉱業を営む古代ユダヤ人（海人）であったことの証明である。*

＊　ユダヤの聖人と角

ユダヤ系の海人族の崇拝していたバール神やミトラ神には頭に牛の角がある。

実はユダヤの歴史的指導者であるモーセも古いイコン（聖画）では頭に角が生えた姿で表された。ユダヤの古い信仰では、神々のように頭の角が生えているのは、その人物が神の代弁者である証とされていたようだ。役小角の頭に角が生えているという伝承も、小角が神の代弁者であることから生まれたものに違いない。

小角は「孔雀《くじゃく》明王《みょうおう》経法《きょうほう》」という密教の修法を体得し、不思議な神通力を持つ行者としてカリスマ的な名声を馳《は》せた。

やがて、小角を中心に葛城山系一帯、吉野《よしの》、熊野《くまの》といった山岳地帯に居住していた古代ユダヤの金属師たちは、一種の秘教集団を形成し始めたのである。

密教は、当時としての最先端の仏教の一派であり、現世利益的な呪詛《じゅそ》性や宇宙的な教義は、

角の生えたモーセ（ミケランジェロ作、サン・ピエトロ・イン・ヴィンコリ聖堂）

民衆に染みわたった神道の呪詛性や自然崇拝とも相通じて、非常な人気を博した。

小角はこれに目をつけ、新しい仏教・密教の力で古代ユダヤ民族（海人族）の巻き返しを狙《ねら》ったのである。

小角が密教教義を導入したのは、空海の出生より九十三年前ということになる。

葛城山系の一言主神の神託に与《あずか》る小角が、古代ユダヤ民族（海人族）の宗教集団を組織し、民衆に布教活動を行うことは、当時の朝廷にしてみれば大きな脅威であった。

そのため、小角は謀叛《むほん》の企《たくら》みをした咎《とが》で、母を人質として捕らえられ、伊豆大島に流刑された。

小角の流刑をもって畿内古代ユダヤ民族（海人族）の復権は失敗したかに見えた。

しかし、葛城の古代ユダヤ民族（海人族）は、さらに強力な指導者を大和朝廷の内部に送り込んだのである。

歴史上稀代《きたい》の妖僧《ようそう》といわれる弓削道鏡《ゆげのどうきょう》がその人物であった。

海人　道鏡、天皇位を狙う！

道鏡という人物については、『続日本紀』に「俗姓弓削連《むらじ》、河内人也」——さして身分も高くない弓削氏*という家のものであり、河内の出身である――と書かれているのみで、詳しい出自や経歴に関する記録がない。

しかし、古代ユダヤ民族（海人族）、特に役小角の出た鴨族と浅からぬ因縁で繫《つな》がれた人物であった根拠が、次の三点である。

1　道鏡は、加茂役《かものえだちのきみのおづの》君小角の子孫にあたる円興という僧を重用している。

2　道鏡によって、当時流罪を受けていた一言主神を、土佐から葛城山に戻す許可が、女帝孝謙《こうけん》天皇から下されている。

これは葛城の古代ユダヤ民族（海人族）にとっては、氏神復活の記念すべき出来事であった。

3　その名の弓削《ゆげ》が狩猟のための弓作りに従事する山に追われた古代ユダヤ人（海人族）であったことを物語っている。

＊　蘇我、物部の抗争の時、神道擁護派であった物部守屋《もののべのもりや》は、時に弓削の大連《おおむらじ》と記されることがある。弓削は物部系の氏なのだろう。

弓削には、もう一つの職業的な意味が含まれていると考えられる。

ユゲとは、古語で「禊《みそぎ》」を表すことから、宗教的職業階級だった可能性もある。

道鏡は、葛城山系の山岳修行者であり、空海以前の密教「雑密《ぞうみつ》」の達人であり、従来、空海が日本に紹介したといわれる宿曜経《しゅくようきょう》（月の位相を主軸にした星占術）の達人であった。道鏡は、女帝孝謙天皇の病気を看護治癒し、女帝から深い寵愛《ちょうあい》を受けるようになったといわれている。

女帝は道鏡を熱愛していたようすで、寵愛を楯《たて》に、野心を見せる道鏡を非難した女帝の子・淳仁《じゅんにん》天皇すら淡路島《あわじしま》に流罪にして憤死させるという事件が発生している。

さらに道鏡は宇佐八幡《うさはちまん》の「道鏡を天皇位につければ天下は太平になる」との驚愕《きょうがく》すべき神託を受け、女帝の後ろ楯で天皇の位につく寸前に至るのである。

しかし、この野望は女帝の死によって泡と消えることになった。

女帝の没後一年六カ月目に道鏡は東国に客死した。

古代ユダヤ民族（海人族）の出身者が、天皇に復権する夢が目前でついえたのであった。役小角にしろ、道鏡にしろ、「国家転覆の大罪を企てた」にもかかわらず、死罪を免れ寿命を全うしている。

この史実の不自然な部分は、ともに二人が古代日本の支配者・ユダヤ民族の上級神官出身であったことで説明される。

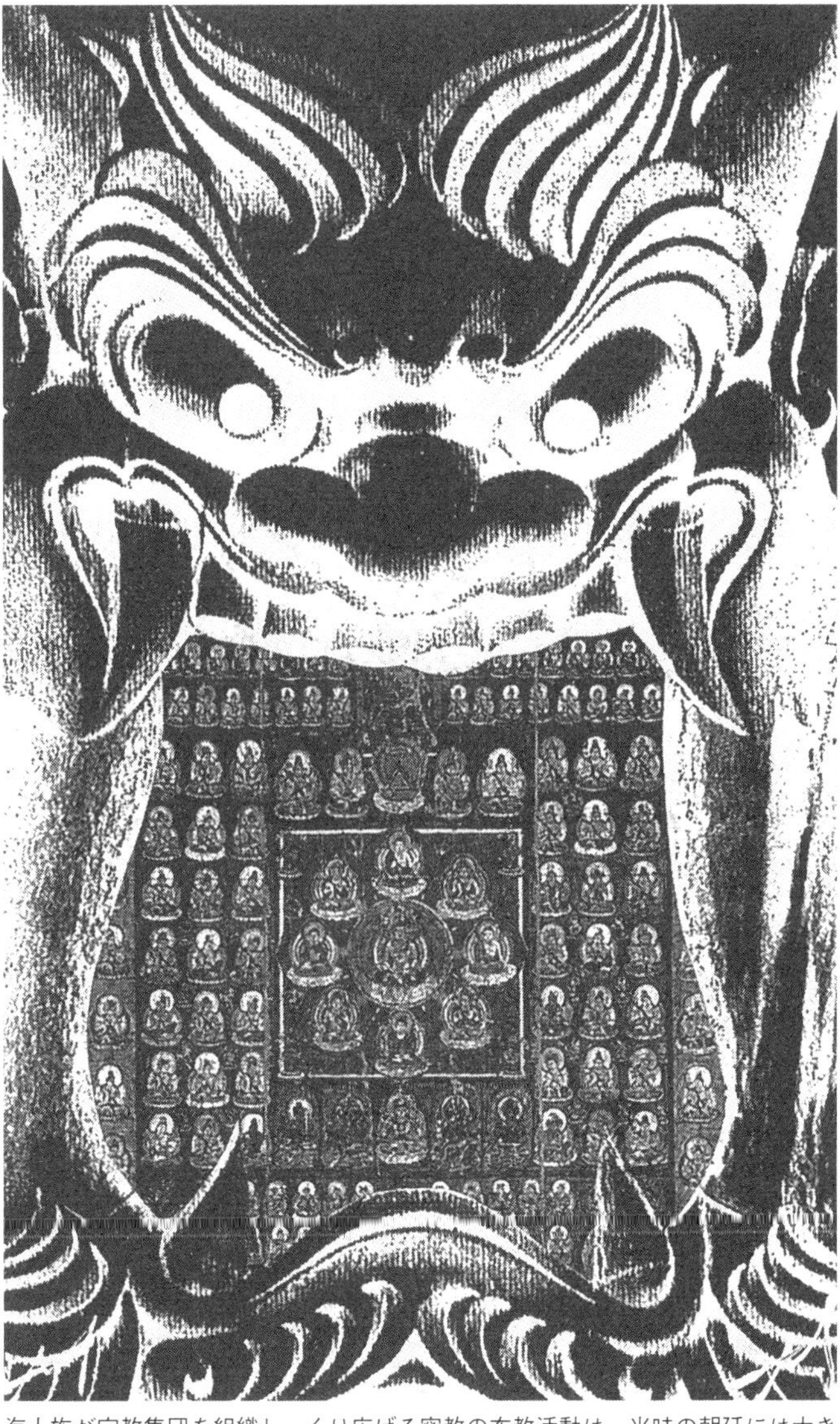

海人族が宗教集団を組織し、くり広げる密教の布教活動は、当時の朝廷には大きな脅威となった

この二人には天皇位を争う歴史的因縁と資格があったのである。

道鏡の没後二年目の七七四年、空海は四国の讃岐《さぬき》国多度《たど》郡屏風浦《びょうぶがうら》に、この地方の豪族佐伯《さえき》氏の家に生を享《う》けた。

佐伯氏がどの程度の身分であったかといえば、今の中規模の市の市長程度の地位であったと考えればよい。

そのころ、役小角に続いた道鏡も、道半ばにして終わったとはいえ、天皇位まで狙うに至った葛城山系の古代ユダヤ民族（海人族）は、新たなコマを求めて動いていた。

空海は運命の糸に手繰り寄せられるように、畿内山岳地方に組織された古代ユダヤ民族（海人族）の秘教集団と接近していくことになるのである。

天河神社は女神アシュトラの聖地だった

葛城山系、大峯山《おおみねさん》、高野山《こうやさん》、熊野といった山岳信仰の交通の中心となる山々を結ぶ一つの拠点となる神社がある。

それが、奈良県吉野郡天川村坪内にある天河《てんかわ》神社である。

天河神社といえば角川映画「天河伝説殺人事件」の舞台になったことで記憶に新しい読者も

多いだろう。

映画は奇妙な形をした天河神社の御神体の五十鈴《いすず》が、殺人事件の謎を解く神秘的なモチーフとして登場し、能役者の信仰が厚い天河神社を中心に因習的な能の家元一家の間で次々と起こる殺人事件がミステリアスに描かれていた。

この映画以来、一気に参拝客や観光客が増えた天河神社であるが、史実は映画よりもミステリアスなのである。

現在の天河神社は、天河弁財天として有名であり、天宇津女《あまのうずめ》と習合して祭った芸能の神という触れ込みである。

しかし、この社は古《いにしえ》の昔、本来は元伊勢・与謝宮《よさのみや》の別宮としてこの地に祭られたものを始まりとしているのである。

天河神社の古称は「天の安川にいます宗像《むなかた》女神神社」といった。

つまり天の安川にいる宗像氏（宗像氏は北九州を本拠地とする有数の海人族）の女神である。

その女神の具体的な名は市寸嶋姫《いちきしまひめ》（航海の女神）であった。

実はこの女神は海部氏の家系図の上で、海部の祖神である火明《ほあかりのみこと》命の妻と記されている女神なのだ。

さらに海人族の口伝で、市寸嶋姫の別名に、天道姫（天道《てんとう》＝太陽の妻）、天宇津女が付け加えられる。

さて、ここでちょっと頭をひねって考えてみよう。天宇津女は海人族の太陽神である猿田彦神（ミトラ）の妻となった女神である。

ここから次のような関係図が描けることになる。

〔夫〕
火明命
―
太陽神
―
猿田彦

〔妻〕
市寸嶋姫
―
太陽神の妻（天道姫）
―
天宇津女

つまり、天河神社は海人族にとっての太陽神（火明命＝猿田彦＝ミトラ）と、その妻である月の女神（市寸嶋姫＝天宇津女＝アシュトラ）を祭っている元伊勢なのである。

その証拠に、天河神社の川を挟んですぐ近くには八坂神社（スサノオ＝バール＝ミトラ＝火明命＝猿田彦を祭る神社）があって、元伊勢としての痕跡《こんせき》をとどめている。

天河神社の山岳信仰における重要性は役小角が高野、大峰などの山々を開く最初に、開基したのがこの天河神社であるといわれていることからも明白だ。天河神社は最初に祭るべき山岳信仰、第一の神であったということになる。天河神社こそは、大和朝廷に三輪山《みわやま》を牛耳られた後の畿内山岳の古代ユダヤ民族（海人族）の信仰の中心地だったのである。

天宇津女と女神アシュトラを検証する

天河神社に祭られる天宇津女は天照大神《あまてらすおおみかみ》が岩戸に隠れ、暗黒の世が訪れた時に岩戸の前で踊って天照大神を岩戸から呼び戻した女神であり、踊りをはじめとする芸能の神として信仰されている。

この天照大神が隠れた岩戸は、天の安川という川のそばであった。

すなわち、『古事記』における天の岩戸の物語にも、ミトラ神が水辺の岩屋より誕生するという神話が原型として生きているのである。

岩戸の前で踊る宇津女は、バールやミトラの妻アシュトラに相当する。

天河神社に伝わる五十鈴

神話の中で、アシュトラは永遠の生命の力を備えている。

太陽神でもある天候の神バールは、冬至の日に死んでしまうが、アシュトラは黄泉《よみ》の国に夫を迎えに行き、太陽神は岩屋の中からミトラとして再び復活して出てくる。

アシュトラは宇津女のように踊りこそしないが、岩屋の中から太陽神を復活させる点に関して両者は類似している。

宇津女がアシュトラである一つの証拠となるのが、天の岩戸の前で踊った時に、矛《ほこ》に付けていたといわれる天河神社に伝わった五十鈴である（上の写真参照）。

特殊な形の鈴だが、この鈴に何重にもなった同心円が描かれているのが分かる。

この文様こそが、宇津女がアシュトラである

天之河秘曼荼羅。俗に蛇曼陀羅とも呼ばれる
（部分・琢磨法眼筆・長谷寺能満院蔵）

ことの証拠なのである。

宇津女という名は従来、「うずしい＝勇ましい」「め＝女」と解釈され、天宇津女なる女神は男のように強い醜女であったといわれてきた。

しかし、天河神社の祝部《はふりべ》・柿坂氏はウズは渦巻きの意味だという。

アシュトラは海の渦の中に住んでいると伝えられ、渦文様はオリエントで（永遠の生命）や（海の女神の神殿）を意味するシンボルであった。

太陽神を復活させる宇津女はアシュトラの象徴である渦巻文様の鈴を持っていたのである。

さらに、天河神社に伝わっていた蛇曼陀羅《へびまんだら》を見てほしい。角のある蛇アシュトラの姿を表している（P79の写真参照）。

この曼陀羅は現在では長谷寺《はせでら》に置かれているが、もとは天河神社のものであった。

図のように何とも奇妙な蛇の顔をもった御神体が描かれている。

これを神社では、天宇津女と習合された弁財天が、蛇を眷属《けんぞく》とする神だからだと説明するが、もともと宇津女が蛇の女神アシュトラであった時の記憶が、弁財天と宇津女を習合させる結果になったに違いない。

天川にはアシュトラ神話と関連づけると解ける謎が多数存在する。

その一つが、天河神社の所在地である坪内（壺之内《つぼのうち》）という地名である。

地形が壺の中にあるようだからと天河神社の説明にあるが、こじつけのようで同調しかねるものがある。

女神アシュトラは壺*を手にしていた。

オリエントの遺跡から発掘される月の女神像は薬師如来《やくしにょらい》のように片手に壺を持っていることがしばしばある（左の写真参照）。

この壺に入っているのは、地上のあらゆる作物を実らせる力と、生命を蘇《よみがえ》らせる力が秘められた「天の水」であった。

壷を持つアシュトラ像。オリエント出土の月の女神（『古代オリエントの神々』弥品久より）

その壺をモチーフにしてシンボライズしたものがユダヤの三種の神器の一つである「マナの壺」だった。

天河神社は天の安川**と古来呼ばれた川の近くに建っている。

太陽神が復活した岩屋のそばに流れていたのが天の安川であり、それはさらに、天《あま》の川《かわ》だといわれ、「天の水」がたたえられた川なのである。その「天の水」があるのはアシュトラの壺の中であるから、天河神社は「壺之内」なのだ。

* 地中海沿岸の各国の神話でも、アシュトラの壺の水は「天の川」として、天上に求められた。

** 天の安川

実は私の本名は安川という。もともと紀州の山窩《さんか》であるから、この天川あたりに氏族の所在があったのかもしれない。天の安川は「天の川」とも呼ばれ、この地縁の氏名として他に天川、天《あま》野《の》などという苗字《みょうじ》がある。いずれもアシュトラ信仰に関係のある名前だということができるだろう。特に読者の皆様はこの天野という名称をよく覚えておいてほしい。空海が建立した高野山金《こん》剛峯寺《ごうぶじ》は天野社という神社と非常に深い繋がりを持っているからである。

冬至の日に行われた古代ユダヤ民族の太陽神の復活祭が、現在の新嘗祭《にいなめさい》や大嘗祭《だいじょうさい》の原型となるものであると思われるが、古代ユダヤ民族（海人）の山岳信仰の中心地である天河神社では、古代ユダヤ民族の信仰の記憶を色濃く残した太陽の復活祭が行われていたのかもしれない。

若き日を吉野や大峯の山岳行者として過ごした空海も、天河神社で行われた太陽神の復活祭を見た一人であった。

日本神話は海人族への呪詛であった

天武天皇の時代に編成された『古事記』や『日本書紀』は、『帝紀』『旧辞』に記された古代ユダヤ民族（海人族）の歴史を抹殺し、古代ユダヤ民族（海人族）の神を封じ込めるための呪詛として使われていた。

スサノオ命、大国主命、火明命、猿田彦神、これらの神々は皆、古代ユダヤ民族（海人族）が崇めた太陽神だったり、太陽神と同一視された王であったと思われる。

これらの神々が『古事記』や『日本書紀』の中でどういう扱いを受けているかに注目してほしい。

スサノオ命は、乱暴狼藉《ろうぜき》を働いて天皇家の皇祖である天照大神を怒らせて岩屋へ閉じこもらせた罪で、髪と髭《ひげ》を剃《そ》り落とされ、おまけに手足の爪まで抜かれて重い荷物を背負ったまま地上へと追放された。

爪や毛は命の発露とみられており、それを引き抜くという行為は、死の呪詛をかけたのと同じ意味であった。

地上に追放されたスサノオは、八岐大蛇《やまたのおろち》を退治して英雄神バールの片鱗《へんりん》を見せるが、結局は根の国（死者の国）に自分の国を構えた。

大国主命はニニギ命に国を譲り、出雲大社に身を隠したと伝えられている。*

＊　身を隠したというのは隠語で「死んだ」という意味である。

さらに猿田彦の神は潜水中に貝に手を挟まれて溺死《できし》。

火明命は海部家ではイザナギ・イザナミの長子である蛭子《ひるこ》であるといわれているが、蛭子は、「不具の子」として海に流され捨てられてしまう。

神話の中の神々に強いられた「服従」と「死」の運命は、そのまま古代ユダヤ民族（海人族）の歴史であり、天孫族は『古事記』『日本書紀』を書くことによって、神々が再びこの世に蘇ってこないように呪詛をかけたのである。

こうした恐ろしい呪詛をかけながら、一方で天孫族は神々に怯《おび》えつづけてもいた。

海部の女系である「かぐや姫」を、なぜ、大和朝廷が欲しがったかという問題の鍵である。

当然、有力な氏族と婚姻関係を結び勢力を不動のものにするための意図もある。

しかし、それ以上の理由として、祟《たた》る神々に彼女らを捧《ささ》げるためだったのである。

崇神《すじん》天皇は出雲族のオオタタネコに三輪を祭らせたが、その結果が古代ユダヤ民族（海人族）の影響を拭《ぬぐ》いきれない大和政権を作ってしまった。

そこで雄略天皇が考えだした秘策は、古代ユダヤ民族（海人族）の王族と天孫族の血統を同時に持った皇女に神を祭らせることだったのである。

その手始めが、祖母から海部の血統を受け継ぐ倭姫によって伊勢を祭らせ、古代ユダヤの神を、大和から遠く離れた伊勢に追いやることであった。

前述したように、自分の妻や娘を差し出すという行為は服従のしるしである。

天皇家は、古代ユダヤ民族（海人族）の血を引く天皇家の巫女《みこ》を神々に差し出して「冷遇している神々」の機嫌をとり、祟りが起こらないように図ったのである＊。

それはニニギ命が宇津女を猿田彦神に差し出して、日本への上陸を許可された天孫降臨劇の永遠の繰り返しでもあった。

＊　天孫族が女神アシュトラを奉ずる巫女を連れていたのか、あるいは猿田彦の妻となって、アシ

ユトラを奉じたため、後にそう呼ばれたのか一考する所である。

海を隔ててなぜかシンクロする二つの古代ユダヤ民族

古代ユダヤ民族はいつごろ日本にやって来たのだろうか？

紀元前六世紀ごろからその渡来が始まったと考えられる。

その根拠は『古事記』から日本の起源が紀元前六世紀ごろと推定されること、そしてさらにイスラエルが滅び、ユダヤの十二支族のうちの十支族と、三種の神器が忽然《こつぜん》と行方不明になったのが紀元前六世紀ごろであったからである。

紀元前六世紀にユダヤ王国、イスラエル王国というユダヤ人の国を彼らは失い、新たな楽園を夢見て三種の神器を携え旅立たねばならない状況にさらされていたのであった。

当時、古代ユダヤ民族は、有名なエジプト捕囚の時代に奴隷としてピラミッドの建設をはじめとするさまざまな仕事に従事させられた結果、国民のほとんどが優秀な技術者になっていった。

映画「十戒」などを見れば、当時のユダヤ民族の生活がどのようなものであったかが分かる。

彼らのほとんどは石工仕事をさせられたり、鉱山や冶金《やきん》の仕事をしている。

「十戒」の主人公であるユダヤの宗教的指導者モーセの弟のアロンですら、砂漠でユダヤ人が流離《さすら》っている時に金の子牛の像を作っていることから、鍛冶《かじ》職人としての技術を持っていたと考えられる。

国民全体が当時の先端技術を身につけた職人となった結果、エジプト脱出後のユダヤ民族はメキメキ国を復興させていった。

紀元前五世紀のソロモン王の時代には隣国の貿易国家フェニキアと同盟を結んで船団を組織し、世界中の富を集めたとされている。

その当時は金、銀財宝が宮殿には蓄えられ、ユダヤ民族は破竹の勢いを誇っていた。

そんなユダヤ民族が、なぜ再び流離《さすらい》の民になったかについて、聖書はソロモンが異教の神々を崇めたことと、異民族の愛人をたくさん持ったことがその原因であると伝えている。

すなわち宗教や血統をないがしろにしたため、民族としての団結力が弱まり、それが衰退を招いたというのである。

こうした経過を考えると、古代ユダヤ民族は一人一人は大変従順で器用な民族であり、団結している限りどの民族にも負けない優秀な民族だが、ひとたび団結力が弱まると存亡の危機に陥りやすかった。

その点では、現代の日本人もユダヤ民族の特徴をそのまま受け継いでいる。

はからずも、日本は貿易国・技術国として栄えている。

それはソロモン王当時のイスラエルと全く同じなのである。

しかし日本文化が破壊され、日本人としての美徳とされていた特徴を失いつつある現在、イスラエルと同じく衰退への坂道を転がり落ち始めているのも事実だ。

さらに興味深いのは、日本へ渡来した古代ユダヤ民族と、大陸に残ったユダヤ民族とが結果的には同じ運命を辿《たど》っているという不思議である。

日本に辿り着いた古代ユダヤ民族は、一時的には自分たちの新天地を得たかのように見えた。

しかし、新たな大陸からの渡来勢力に押され、山へ海へ僻地《へきち》へと追いやられ、いやおうなく再び職人の民に戻らざるを得なかった。

大陸のユダヤ民族が国を失い、職人ギルドを結成して団結に努めた歴史と同じである。

そして、ユダヤ民族がキリスト教によって迫害されたように（紀元四世紀末キリスト教はローマの国教と定められ、ユダヤ教への迫害が始まる）、やはり紀元三世紀から五世紀には応神天皇や雄略天皇の出現によって、日本のユダヤ民族も宗教的な迫害を受けていくことになる。

それが聖書に登場するヤハウェイの呪《のろ》いなのか、あるいは単なる偶然なのか？

日本の古代ユダヤ民族と大陸のユダヤ人は海を隔ててシンクロしていたのだった。

キリスト教からのユダヤ教迫害により、一部のユダヤ人は結束をより強固なものにし、エリートだけで構成するユダヤの政治的秘密結社フリーメーソンの核が誕生しつつあった。神秘主義と秘密教義に彩られたこの集団は、同時にバビロニア・エジプト魔術を受け継いだユダヤの錬金術師の集団でもあり、フリーメーソン（自由な石工）という名が示すとおり、神殿や宮殿の施工に従事し、その秘密に通じた石工や冶金工のギルドが発祥であった。

それもまた、日本の古代ユダヤ民族の山岳の金属師たちが密教を修して朝廷に対抗しようとした流れと一致するのである。

三つの波に分かれてやって来た古代ユダヤ人

しかし、ユダヤ民族の渡来はこれだけではなかった。

第二波は応神天皇の時代（三世紀ごろ）にやって来た秦《はた》一族*に代表される。

秦一族は、新羅《しらぎ》から小国家ごと日本に移住してきた一族であるが、もともと『三国遺事《さんごくいじ》』（朝鮮の歴史書）ではその出自を中国とし、しかも中国人ではない僻外人であると記されている。

三世紀ごろには中国は、ユダヤ民族を吸収したペルシャから生まれたパルティアと、東西貿易を精力的にしたため、相当数のオリエント商人が流れ込んでいた。

もちろんその中にはシルクロードの有力商人であったユダヤ民族が多数いたことが想像される。

中でも日本に渡来した秦一族は、ユダヤ人ではないかと疑う研究者も多い。

その理由は諸説さまざまであるが、たった一つだけ秦一族がユダヤ人であったとしか考えられない事実が存在している。

秦氏は京都太秦《うずまさ》に大避《おおさけ》神社という社を建立した。

現在は大酒という名称だが、古代は大辟と書かれていた。

この大辟という名称は中国読みの「ダビデ」なのである。

中国から来た秦一族が、大辟の「ダビデ」を知らないはずがない。

とすれば、一体ユダヤ人以外の誰が、ユダヤ王ダビデを祭る神社を作るだろう?

秦一族がユダヤ人であったことを立証するには、この一つで十分であるように思う。

＊　ユダヤ人渡来の第二波である秦一族は、その本拠地を赤穂《あこう》（兵庫県）においていたが、赤穂では金が採集できた。赤穂を北へ上がると丹波《たんば》の生野《いくの》には銀山があり、但馬《たじま》の出石《いずし》には金、銀、銅が発掘できた。秦氏は古代ユダヤの金属師の集団でもあったのである。

次に、第三波として聖徳太子の時代にもユダヤ人の渡来があったと思われる。聖徳太子の宮跡であった法隆寺にはさまざまなペルシャ製の宝物が残されている。これがユダヤ人の渡来を物語っているのである。

なぜ、ペルシャ製の品々がユダヤ人の渡来の証拠になるかというと、当時のユダヤ人には国がなく、五百万人を超すユダヤ人がパルティアにとって代わったササン朝ペルシャ（現在のイラン）に居住していたからである。

ユダヤ教もペルシャのゾロアスター教の一部門として保護下に置かれていた。ペルシャでのユダヤ民族のほとんどは職人か、商人であったので、中国とペルシャを結ぶ東西貿易では、ユダヤ商人の活躍が目ざましかった。

当時の中国において、国の高官の中や裁判官の中にまでユダヤ人の名前が記されていることからも、ユダヤ人の東への進出度が物語られる。

当然、日本に品々を運んできたペルシャ商人*の中には多くのユダヤ人が含まれていたことが想像される。

*『日本書紀』には当時、ペルシャから商人が来ていたことが記載されている。

この第二波、第三波のユダヤ人たちは大陸の文化とともに新しい信仰も運んできた。それは弥勒菩薩《みろくぼさつ》への信仰である。*

弥勒菩薩は中国でのミトラ神の名称である。

＊　弥勒菩薩

仏教の仏であると信じられているが、もともとインド人がペルシャ人と枝分かれしていなかったころに、セム族に伝わる太陽神の影響を受けて信仰された神であった。後にペルシャではミトラと呼ばれ、インドではマイトレイヤーと呼ばれた。意味は「親愛なる者」である。インドのマイトレイヤーにもスサノオやバールと同じく龍退治の話が伝わっている。インド古代の宗教は釈《しゃ》迦《か》の出現により仏教に吸収され、中国に渡ってからはミトラに漢字をあてて弥勒菩薩と名付けられるようになった。弥勒菩薩が終末の世に救世主として出現するという信仰は、ミトラ信仰の影響を受けて生まれたキリストの最後の審判にも生きているのである。

ミトラ神への信仰そのものがユダヤ人の中で活発になったのは、ユダヤ教がゾロアスター教の保護下に入ってからのことだった。*

＊ユダヤ民族は、国家を失って後、そのほとんどはペルシャに在住した。当時のユダヤ人の信仰は現在のユダヤ教ほど特殊性を帯びていないオリエント的なものだったため、ペルシャの国教ゾロアスター教の一部門として保護された。

ゾロアスター教では、バール神の子供としてのミトラが大人気の神の一人だった。ユダヤ人はこの時、初めてミトラを紹介されたのである。

ペルシャでユダヤ人の間に浸透したミトラ信仰は、彼らが東へ進出していくにつれ、仏教と融合し、独自の弥勒信仰が形成されていった。

やがて、朝鮮半島の新羅＊に起こった花郎（ファラン）という青年貴族結社の弥勒信仰も、中国から来たユダヤ民族（秦一族）によってもたらされたのである。

＊新羅という国は秦一族のいた国であり、オリエントに見られる偏頭習慣や、パルティアの尖頭冠帽などが新羅の装束に登場していることから見て、秦氏をはじめとするオリエント民族の文化が中心となって発展した国であった。

六世紀、秦河勝《はたのかわかつ》が側近として仕えた聖徳太子の時代に見られる弥勒信仰は、こうした背景の中で生まれたものと考えられる。

日本におけるユダヤ文化の影響力もまだ相当残っており、天武天皇時代に編纂《へんさん》された『古事記』に関しても、最近『古事記』の解読不可能な部分が古代イラン語（ペルシャ語）で解明されることが学会で発表され、騒然となったことが記憶に新しい。

空海の生まれたころの日本には、まだそれと分かる形でユダヤ文化が息づいていたのであった。

第三章

四国に古代ユダヤ王国の秘密があった

空海は四国の海人であった！

空海は七七四年六月十五日、四国の讃岐《さぬき》国多度《たど》郡屏風浦《びょうぶがうら》に生を享《う》けたといわれている。父方は讃岐の地方官吏、佐伯直田公《さえきのあたいたきみ》。直《あたい》というのは役職名で、今でいえば中規模程度の市の市長だったと思えばよい。

空海の父方の家である佐伯氏に関しては、いくつかの説がある。

一つの有力な説は、奈良の大仏建立のさいに膨大な金や銅を寄進した大和《やまと》の豪族・佐伯今《いま》毛人《えみし》と関係があるとされる説である。

佐伯（サ＝スサ＝鉄・エキ＝役）という名字が示すように、佐伯とは鉱山業に従事する氏族であり、空海の家が採鉱業に従事していた古代ユダヤ民族（海人《あま》族）であった可能性を十分に感じさせる。

大和の佐伯氏と、空海の父方の佐伯氏は何の関係もないという説が最近では有力になってきているが、四国の佐伯氏の出自を尋ねると三輪山《みわやま》の付近に所在があり、崇神《すじん》天皇の時代、三輪で反乱を起こして四国に流された（崇神天皇が三輪を占領する時に抵抗した古代ユダヤ民族であろう）ことが『日本書紀』などに記されているので、大和の佐伯氏との関係を否定できない。

次に空海の母方の家である阿刀《あと》氏は、儒教や仏教に相当な見識を持つ（秦《はた》一族がいた）新羅《しらぎ》からの帰化人の家柄であろうと考えられている。

特に母の兄である阿刀大足《あとのおおたり》は、皇太子の講師を務めるほどの高名な学者であった。しかし、私が注目したいのは空海の母がその名を玉依姫《たまよりひめ》と伝えられていることである。

玉依姫という名は古代ユダヤ民族（海人族）の巫女《みこ》の代表的な呼び名だった。『古事記』に記される海幸彦《うみさちひこ》、山幸彦《やまさちひこ》の物語の中でも、元伊勢《もといせ》・与謝宮《よさのみや》に伝えられた潮満玉と潮干玉を山幸彦に手渡す女神は玉依姫という名である。

空海の母は古代ユダヤ民族（海人族）の巫女だったのである。

後年、空海が見せる祈禱師《きとうし》としての類稀《たぐいまれ》なる霊力は、母から受け継いだものと思われる。

空海は生まれた時から聡明《そうめい》で、五、六歳のころには隣里の人々からは神童と称されていた。

両親は空海を慈しみ「貴物《とおともの》」と呼んだという。

空海の幼名は「真魚《まお》」。

まさしく海人の子だったのである。

阿波は「母の国」

空海は四国の金属師の家で生まれた。実はこの四国という地が本書での大きなポイントなのである。

四国は古代ユダヤ民族（海人族）の王朝が栄えた所であり、重大な古代ユダヤ民族（海人族）の秘密が隠されていたのである。

古代、四国の中心地は現在の徳島県、阿波国《あわのくに》であった。

阿波（アワ）という言葉は、私の知る山窩《さんか》伝承では「女陰」を意味する言葉だといわれている。

この「女陰」というキーワードを覚えていてほしい。後の章で説明するが「女陰」は女神アシュトラと錬金術に深い関係を持つ言葉なのである。

徳島の対岸には渦潮で有名な鳴門《なると》海峡を隔てて淡路島《あわじしま》が見える。

淡路島にはイザナミ・イザナギの国生み神話が伝えられている。「イザナギ、イザナミ両神が国を産むために天の浮橋（虹《にじ》）の上に立ち、大きな矛《ほこ》で海をかき回した。そのかき回した痕《あと》が鳴門の渦潮になり、オノコロ島（淡路島）が生まれた。次に両神は四国を国生みした」

この神話に加えて、『日本書紀』に記される天孫族が三輪山を占領した崇神天皇の時代の三輪山周辺の夷人《いじん》（三輪山で反乱を起こした夷人とは古代ユダヤ人〈海人族〉のことにほかならない）の反乱と、四国への追放。『古事記』でイザナギ・イザナミに捨てられた蛭子《ひるこ》神＊（火明命《ほあかりのみこと》）が、粟島《あわしま》＊＊に捨てられたと伝えられていることを、重ねて検討してみよう。

＊　蛭子とは天照大神《あまてらすおおみかみ》の別名「日足女＝ヒルメ」と対をなす「日足子」であり、男性の太陽神を意味している。

＊＊　粟島とは淡路島のこと。不具で生まれて海に流された子の行き着く先は常世《とこよ》の国であり、黄泉《よみ》の国である。女陰は古代、黄泉の国への通路とも考えられており、「あわ」が「女陰」を意味するという伝承に一考察を与えてくれる。

これら三つの神話は、三輪の古代ユダヤ民族（海人族）が大和朝廷に追い立てられ、畿内から淡路に下り、その後に四国の阿波に国を作ったことを意味しているのである。

いわば、四国は古代ユダヤ民族（海人族）が、大和朝廷によって押し込められた流刑地であった。

しかし、四国の古代ユダヤ民族は惨めな流刑者ではなかった。

徳島南部には海部川《かいふがわ》という古代ユダヤ民族＝海人族の名称で呼ばれる川がある。海部川近くにある宍喰町の役所資料によれば、海部川沿いは主に金属師たちの居住区域であった。

江戸時代までは、この川に沿って刀鍛冶屋が立ち並び、海部刀《かいふとう》という通常よりも丈の短い刀が全国に出荷されていた。

阿波国の貿易はこうした国内貿易のみに止まらず、中国との間でも盛んであった。その歴史的な資料として、一九七九年三月に海南町大里の遺跡から総数七万七十枚にもおよぶ銅銭が出土したことが挙げられる。これらの九割は中国・北宋《ほくそう》銭だった。

それは、阿波国が金属師文化を中心として、中国との海外貿易を盛んに行った栄えた国であったことを物語っている。

古代ユダヤ民族（海人たち）は、追放されたとはいっても海洋民族であり、島は閉鎖された環境ではなかった。

彼らは中国とも盛んに貿易をしていたことから分かるように、国内では瀬戸内海を縦横無尽に駆けめぐり、紀伊山脈の尾根伝いに丹後とも密接に交流していたことが伝えられている。

むしろ古代ユダヤ民族（海人族）は四国という海に囲まれた自然の防波堤の内で、平和自治区を維持することができたのである。

彼らは、四国にあって自由を勝ち得、大和朝廷とは違ったユダヤ文化を花咲かせていた。

そして、畿内では禁じられていたユダヤの信仰も自由に行われていたと思われる。

その根拠が、阿波を代表する神社（徳島県の西方矢野神山〈標高一一〇メートル〉にある）天岩門別八倉比売神社《あまのいわとわけやくらひめじんじゃ》である。

神社の神陵（天の岩戸伝説があり、神社の真裏に神陵〈古墳〉がある）には丹後《たんご》と同じ、天の真名井《まない》の井戸が存在している。

しかも、天岩門別神社は延喜式内大社正一位の神格が与えられており、皇室がかつては定期参拝をしていたという謎めいた神社なのである。

これは天岩門別神社が、元伊勢《もといせ》神宮であったことの証明だ。

中東問題の研究家である宇野正美《うのまさみ》氏は、著書『古代ユダヤは日本で復活する』で、阿波の祖《い》谷渓《やだに》の気候風土がイスラエルに大変よく似ており、四国の古い神社の跡が朝鮮式でもなく、中国式でもなく古代イスラエルのそれとよく似ていると指摘している。

さらに古代史研究家の大杉博《おおすぎひろし》氏は、古代天皇家が極端に阿波に一般の人間を近づけるのを嫌った事実を克明に説明し、それゆえ天皇家の出自の秘密が阿波にあると論じている。

古代ユダヤ民族独自の信仰が、自由に栄えていたのが阿波国だった。

讃岐国には潮干玉があった

空海の生まれた讃岐は、現在の香川県にあたる。

讃岐にも丹後と同じ龍宮《りゅうぐう》伝説が存在する。

高松より西方に荘内《しょうない》半島という細長い半島があり、左の際に流れ込む高瀬《たかせ》川の川口に詫間《たくま》町という町がある。

ここに浦島子の伝説が伝えられているのである。

讃岐に移り住んだ古代ユダヤ民族（海部族）が伝えたものであろう。

讃岐の地元の人に浦島の姓が多いのも特徴である。

詫間町のすぐ西に空海の生まれた多度郡はあり、空海生誕の地に四国霊場七十五番札所善通《ぜんつう》寺《じ》が建っている。

空海は四国の古代ユダヤ民族（海部一族）の中で、その文化とともに育ったのである。

高松から沖合い四キロの所には女木島《めぎじま》と男木島《おぎじま》と呼ばれる島が存在している。

両島は、丹後の海の奥の宮、女島と男島のように「龍神の玉」が隠されていた。

その有力な根拠が、高松のすぐ東に位置し、女木島と男木島を望む支度《しど》湾に残る「支度の海

四国高松に伝わる「浦島伝説」「女木島、男木島」「龍神」……。島に隠されていた龍神の玉は潮満玉、潮干玉だったのでは⁉

女」という次のような伝承である。

「奈良時代の初め、唐の皇帝から奈良の興福寺《こうふくじ》に贈られるはずであった宝玉が、四国の支度の龍神に奪い去られた。

興福寺の造営に尽力していた藤原不比等《ふじわらのふひと》はこれを大いに惜しみ、なんとか取り戻せないかと支度村に住み着き思案していた。

すると不比等の身の回りの世話をしていた海女が海に潜り、龍神から宝玉を取り戻し、不比等にこれを手渡した。

この宝玉は興福寺の釈迦如来像《しゃかにょらい》の眉間《みけん》にはめ込まれたという。

海女は龍神との戦いで疲れ果てて死んだが、不比等の子供である房前《ふささき》は実はこの海女と不比等との間にできた子供なのである」

物語の中で、龍神の奪い去った宝玉は、唐の皇帝から興福寺に贈られるはずの玉だったといわれているが、「浦島伝説」「女木島、男木島」「龍神」と話が揃《そろ》えば、その宝玉は潮満玉、潮干玉であったに違いない。

「支度の海女」の話は「浦島子」や火明命と玉依姫の話の変形でしかない。

海部家では、潮満玉、潮干玉はいつからか潮干玉のほうがなくなり、空海の時代に海部家に伝えられていたのは、潮満玉一つだけであったといわれている。

なくなった「潮干玉」はどこにあったのか？

それは「潮満玉・潮干玉」の入った玉手箱を受け取った浦島子の伝承が、丹後と同じく伝えられ、ユダヤ民族（海人族）が神殿のあった三輪山から追放されてやってきた讃岐にあったのではないだろうか。

鬼ヶ島で神器を巡る大和朝廷との攻防戦があった

女木島、男木島の一方の女木島は「桃太郎」に登場する鬼ヶ島でもある。

女木島には鬼たち（古代ユダヤの金属師）が住んでいたといわれる大洞窟《どうくつ》が存在する。

延長四〇〇メートル、広さ四〇〇平方メートル、凝灰岩《ぎょうかいがん》をくり抜いた人工の洞窟である。

そこには鬼が奪った宝を隠していたといわれる宝庫が洞窟中央の左手にある。

宝庫は外部からは全く存在が分からないように巧みに工夫されている。

洞窟内部の様子は迷路のように入り組んで、侵入者を許さない造りになっていた。

この洞窟の宝庫こそ、潮干玉の隠し場所だったのではないだろうか？

桃太郎のモデルは孝霊《こうれい》天皇の王子ワカタケヒコであるといわれ、崇神天皇の時代に瀬戸内海を荒らし回っていた温羅《うら》という鬼を退治したのがその物語のルーツであるといわれている。

崇神天皇の時代は、大和の政権が古代ユダヤ民族（海人族）から奪われた時代であった。

鬼の名・温羅（ウラ）は浦（ウラ）の島子に繋《つな》がっているのである。

桃太郎の話は、悪逆非道な鬼を退治した話ではなく、大和朝廷が古代ユダヤ民族に討伐をかけ、女木島にまで追手を放った記録だったのである。

その後も、讃岐の鬼族の反乱は相当根強かったと思われる。

その証拠に牛鬼《ぎゆうき》伝説がある。

高松の北西に位置する五色台《ごしきだい》という五つの連山からなる台地には、牛鬼と呼ばれる魔物が住んでいたと伝えられていた。

十六世紀の終わりごろ、夜になると五色台から魔物が現れ人を襲うというので、弓の名人山田蔵人《くらんど》高清が国守の命令を受けて退治に向かった。

夜になって現れた魔物を射てみると、頭に角があり複数の獣を集合したような異様な姿をしていたという。

蔵人は「これぞ伝えきく牛鬼であろう」と角を切り落とし、根香寺《ねごろじ》に奉納した。この角は、現在でも根香寺に寺宝として伝わっており、六月二十八日に拝観できる。

牛鬼とは、山に住んで鍛冶をする古代ユダヤ民族であった。

讃岐の古代ユダヤ民族の金属師は、桃太郎から千年以上にわたって、繰り返して叛乱をしていたのである。

古代ユダヤ民族の残した日本のジグラット文化

また、四国の遺跡を見ると、彼らが独自の巨石文化を持っていたことが分かる。

もともと、古代ユダヤ民族（海人族）は優れた金属師であったが、鉱脈を発掘するかたわら石を掘り出し、加工をする石工でもある。

たとえば、徳島県三好郡にある八幡神社などは、境内の四囲を高さ一六〇センチ、幅一四〇センチの石板で囲われていた。

現在でもその一部の三百八十七個の石板が残っている。

丹後にある尾根を階段状に削って作った古墳群も、その延長線上にある。

こうした巨石文化の中で最も目を引くのは、岡山に残されている（温羅が造った鬼の城）と伝えられる建造物である。

実に標高四〇〇メートルの山上に築かれた石造要塞《ようさい》だ。

さらに、岡山には空海の入定の候補地でもあった熊山《くまやま》連山という小高い山がある。

その山の熊山神社には、異様な石の建造物が遺されている。

大小さまざまな割り石が四段に積み上げられたもので、基壇は一辺一一五センチ、高さは四メートルの階段状の小型のジグラットのようなものだ。

一方、古代ユダヤ民族（海人族）が逃げ延びた東国を見れば、青森に唐松神社と呼ばれる物《もの》部《のべ》氏が建立した神社が存在する（現在の宮司も物部姓を名乗っている）。

この神社では、大小さまざまな自然石を積み重ねた、基底の直径が四〇センチある円形・三段造りの小型ピラミッドの上に社が建っている。

古代の物部氏の伝えどおりに造られた社である。

これらの建造物は日本の気候風土に適応していく過程で、小型化したり、木の建造物に造りかえられるようになっていって、次第に姿を消していったのであろう。

ピラミッドやジグラット状の建造物を造る文化を、古代海人族が持っていたと思われる資料が他にもある。

『古事記』に記された有名な大国主命《おおくにぬしのみこと》の神殿、出雲大社の資料である。

出雲大社は、大国主の政権引退を条件に、大国主命の注文どおりに大和朝廷が造ったと記されている。

この古代出雲大社は、建てられた当時高さが九六メートルもあり、気の遠くなるような長い階段を登って、神殿に参拝しなければならなかった。

古代出雲大社の復元図（福山敏男博士監修・大林組プロジェクトチーム作成／大林組より）

メソポタミア・シュメール（ウル第3王朝）のジグラット（聖塔）

一〇九ページの図は建てられた当時の出雲大社を、忠実に再現したものであるが、下のジグラットの写真と比べると瓜二つであることが分かる。

ソロモン王の神殿も、このようなジグラット建築であった。

本来なら石で築かなければならないこの建築を、石の建造物を造る文化を持たない大和朝廷は木で造ってしまった。

そのため、出雲大社は過去何度も台風により倒壊し、現在のような平地の上に立つ出雲大社に造り直されたことが『但馬故事記』に記されている。

剣山には三種の神器が秘匿されている⁉

四国祖谷渓《いやだに》の剣山《つるぎさん》にはソロモンの秘宝とともにユダヤのアークが隠されているという説がある。

この話の出所は、祖谷村で歌い継がれている「御宝の歌」に端を発していた。


――祖谷の空からご龍車が三つ降る。先なる車に何積んだ。恵比須《えびす》、大黒積み下ろした。中なる車に何積んだ。伊勢の宝も積み下ろした。後なる車に何積んだ。諸国の宝も積み下ろし

た。三つの宝を押し合わせこなたの庭へ積み納めた。

この歌を聞いた高根正教という聖書研究家は、「ヨハネの黙示録」を解読して四国の剣山にアークとソロモンの秘宝が埋蔵されているという結論に達した。

彼は同志とともに剣山頂を掘り進み、曰《いわ》くありげな岩穴、大理石のアーチなどの施設を掘り当てた。この発掘は別のグループによって昭和二十七年にも行われ、レンガ造りの回廊や百体余りのミイラが発掘されたと伝えられた。

ソロモンの秘宝とは何か？

それは「ユダヤ錬金術の奥義」だった。

後に章を設けて詳しい説明をするが、「ユダヤ錬金術の奥義」とは、「不老不死」の魔法薬を作る技術なのである。

「不老不死」に纏《まつ》わる古代ユダヤ人（海人族）の伝承は、浦島子（玉手箱は年をとらない力を秘めている）、かぐや姫（姫は月に帰る前に、翁夫婦に不老不死の薬を手渡す）に見ることができる。

彼らは、「不老不死」に関する何らかの知識を持っていたのである。

オリエントで生まれた錬金術が目指した「不老不死」達成に至る試行錯誤が、剣山の肉体を永遠に腐らせずに保存するミイラ製造に関連しているのだ。

そして剣山のミイラに関する謎は、実は空海が行った入定（生きながらミイラになる業）にも深く関わってくるのである。

第四章

ユダヤ錬金術は古代日本に息づいていた

錬金術的国家

ユダヤ人ほど錬金術とともに語られる民族は少ない。

現に、中世ヨーロッパで錬金術が大流行した時代、錬金術師にとって、ユダヤの魔術書『カバラ』はかかせない手引書であった。

ユダヤ人と錬金術との繫《つな》がりはBC九〇〇年ごろのユダヤ王国の王・ソロモンの時代に顕著に見ることができる。ソロモン在位の時代はユダヤ民族にとっての最盛期であった。

伝説によれば、ソロモンは魔術を操り悪魔を使役して世界中の富を集めたといわれ、「ソロモンの時代にもはや銀は省みられなかった」と聖書でうたわれるほど膨大な金が王宮に溢《あふ》れかえっていた。

しかし実際のところをいえば、これらの財宝は、当時隣国であった海洋国家フェニキアと盛んに交易を行い、フェニキア・テュロス市の王・ヒラムに気に入られたソロモンが、両国同盟を結んで組織した「タルシシ船団」によって生み出されたものであった。

「タルシシ—溶かす・金属の溶解を意味する」という名が示すように、「タルシシ」船団には金属製造の技術団が乗り込み、世界各地に植民地を展開して採鉱、金属製造によって得た金・

銀・銅・鉄などの富を本国に持ちかえっていたのである。

ソロモン王の魔術とは、こうした金属製造に関する知識と技術だったのである。

ユダヤ民族は、バビロンやエジプトでの捕囚時代に奴隷として採鉱や鍛冶《かじ》、石の切り出しなどさまざまな労役を強いられた。いわば民族全体が強制的に「手に職」をつけさせられる結果になった。こうした屈辱の時代の「副産物」がソロモン王の時代に花開いたといえる。

古代の人々にとっては、岩や石の中から価値ある貴金属を取り出してみせる技術は、極めて神秘的・呪術《じゅじゅつ》的な行為として認識されており、シャーマンの特権でもあった。

ソロモン王の時代、ユダヤ王国は「錬金術的国家」といえた。

今日有名な秘密結社フリーメーソンもこの時代、ソロモンが神殿建設を依頼した「建築家ヒラムとその弟子たち」を源流とするものである。

「ヒラム」は王であると同時に、天才的な建築家として隣国にも評判が高かった。

ただし、フェニキアはバールを国神とする国である。

ソロモンは神殿建築にあたり、ヒラムの協力を強く求め、ヒラムは積極的にこれを請け負った。

この経過は、ソロモン神殿はバールのために造られたものだったことを暗示している。

事実、ソロモン神殿はフェニキアのバール神殿と酷似しているのである。

ソロモンの神殿にはボアズとヤキンという二本の柱が立てられたことが記されているが、歴史家ヘロドトスによれば、フェニキアのバール神殿にもボアズとヤキンという二本の柱があり、一本が純金で、もう一本がエメラルドであったと伝えている。

古代の建築家は神殿建築に必要な材料を提供する石工・金属師・木地師のトップに立つ指導者であり、それにくわえ「宗教的密儀」の知恵を備えた「万能の知産階級」であることを要求された。

彼らは富と権力、宗教的密儀と深く結びついていたために、秘密保持を課す強大な権力側からの圧力の下にあった。彼らもまた地位確保のために「秘密厳守」と「団結力」をアピールしなければならなかったのである。これが後に秘密結社フリーメーソンへと展開していく。

中でもユダヤの金属師ギルド（職業組合）は独自の宗教的戒律と儀礼を有し、特殊な階級へと「進化」していった。

「進化」を促した要因としては次の二つのことが考えられる。

1　金属師の仕事は直接富と直結している。
そのため、彼らは採鉱場所や製造技術などに関する秘密を他ギルドより厳重に守らなければならなかった。その結果、例を見ない結束力と秘密性を内部で培《つちか》っていったのである。

2

金属製造を行う者は、特殊な信仰形態を持っていた。

古代オリエントでは「金属は神の体の一部から生まれたものである」と考えられていた。つまり金属の所有権は神のものであり、それを搾取する採鉱・金属製造そのものが不敬とされる行為だったのである。

そのため、不敬行為を行う金属師たちはその代償として厚い信仰心と神への崇拝を要求されるかたわら、金属製造を行うものは「神の名を唱えてはならない」という掟《おきて》が課せられていた。彼らは神の怒りを買わないために、特別な宗教的儀礼をもって神を宥《なだ》めなければならなかったし、金属製造は一種の神との知恵比べだと思われていたので、宗教的秘儀や知識に通じていなければならなかった。

こうした二つの要因からユダヤの金属師たちは錬金術的宗教階級へと移行していったのである。

古代ユダヤの宗教的リーダーは錬金術師であった

錬金術師はしばしば鍛冶屋として語られる。錬金術師が物質のある状態から違う状態への変化を統御するのは「火」の力によってであり、両者は同様に「火の親方」であることを要求されるからである。鍛冶屋と錬金術師はユダヤの伝承で対となる。

歴史に名をとどめるユダヤの宗教的指導者モーセやキリストも錬金術師であった。

モーセに関していえば、ユダヤ教の神より示された十戒の中の第七条に「汝《なんじ》、みだりに神の名を唱えるなかれ」という一文に、「神の名を唱えてはならない」という金属師信仰がユダヤ教の源流になったことが物語られている。

モーセとともにユダヤ教の司祭であった弟のアロンはレビ人（ユダヤの司祭一族）であったといわれるが、彼は「金の子牛の像」を鋳造する鍛冶屋でもあった。*

＊　従来より、レビ人とは神の幕屋の番をする一族のように考えられているが、アロンが金の子牛（バールの神像）を鋳造したレビ人であり、後に彼とその家族が神の司祭として中心となることを考える時、レビ人とは血縁による名称ではなく、神像を鋳造する特殊な鍛冶屋職人（錬金術師）

の総称ではなかったかと考えられる。ユダヤ氏族が血縁関係による判別ではなく、職業的な族であったことは主の幕屋建設の時、こうした氏族ごとに作業の種類が分担されたことからも見てとれる（ユダ族：ベツァルエル――貴金属の工芸。ダン族：アヒサマク――意匠を考案。レビ族――幕屋建設の監督と記録）。

モーセの弟アロンが、錬金術師であったことは、後にユダヤ三種の神器となった「アロンの杖《つえ》」からも考えられる。

当時の錬金術師たちは、「魔法の杖」と呼ばれる杖で地中の鉱脈・石灰層・鉱泉・水脈などを探りあてていた。

今でいう一種のダウンジングである。

アロンが祭司としての資格を表すために常に持っていた「鉄の杖」とは、バールを表すシンボルであったと同時に、「魔法の杖」だったのではないかと思われるのである。

なぜなら、モーセが砂漠での放浪時代、民の喉《のど》の渇きを癒《いや》すために、岩を杖で打って、水を涌《わ》かせた話が伝わっている。

こうした話で「魔法の杖」の働きを象徴したのではないだろうか？

イエス・キリストもヨーロッパの民話の中で鍛冶屋として登場する。

民話のキリストは「ここに親方衆の親方がいる」という看板を掲げた鍛冶場にたどり着く。そこへ一人の男が蹄鉄《ていてつ》を打ってもらいに馬を連れて来る。

そこでイエスは鍛冶師の許可を得てその仕事をする。彼は次々に馬の蹄《ひづめ》を取り、鉄床で鍛え上げ、蹄に合わせてクギを打つ。つづいて彼は炉の中に老婆を投げ入れ、彼女を鉄床で鍛えて美しい少女に変える。鍛冶師は同じことをやろうとするが失敗する。

この物語はイエスが「錬金術による不老不死の魔術」によって老婆を少女にしたことを伝えている。

火と鍛冶場、火による死と蘇生《そせい》、鉄床上の鍛練は錬金術結社の宗教的イニシエーションのシンボルであった。

錬金術結社への新参者は、秘密保持の覚悟と宗教的戒律を守る意志を表明するのに、バールの神性と犠牲神話をその身に受けるという厳しい参入試験としてのイニシエーションを通過しなければならなかった。

原始キリスト教やキリスト教グノーシス主義では、こうしたイニシエーションの名残をとどめた火による洗礼が行われていた。

この観点から見れば、日本の山岳行者の代表的な修法である「火渡り」やユダヤ教と高野山《こうやさん》での「消さずの火」の番などは、「火の親方」となるための修行あるいはイニシエーションと見ることができる。

ユダヤ錬金術教義が息づく古代日本

ユダヤの錬金術師たちは、火山に降臨する神バール*の象徴物質である硫黄と大地と水の女神アシュトラの象徴物質である水銀の婚礼が金を生み出すと考えていた。

＊　バール神は天上の火〔太陽〕と地上の火〔火山〕を司っていた。

アシュトラは地上の水の力で、大地に恵みをもたらす大地母神でもあった。

両神の役割と象徴を比較すると次のようになる。

バール（牛）天の恵み	アシュトラ（蛇）地の恵み
太陽	月
雷	雨
火山	河川

「ある種の力」を加えられた硫黄と水銀の結合物は金を生むだけではなく、服すれば人間の体

も金（不老不死）に変えることができるとも信じられ、錬金術の奥義はこの「非金属を金に変える技」と「不老不死の肉体を作る技」に集約された。

錬金術の実践において非金属から金を誕生させようと試みた錬金術師は、占星術によって算出した太陽と月の婚礼が果たされる時間（太陽に月が合わさる時）、女神アシュトラの子宮に見立てた溶鉱炉の中で、太陽と天の物質・硫黄と、月と大地の物質・水銀を合成し、そこにある「力」を加えて金を生むことを試みた。

一方、不老不死を実現させようと試みた錬金術師は、錬金術によって調合された水銀薬を常用するのみでなく、太陽と月の聖なる婚礼をかたどった性的イニシエーションを行うことによって、服用した水銀薬で体内を金に変えようとした。

硫黄と水銀の結合にさいして加えられなければならない「力」とは、バールとアシュトラが結合したさいに生み出される「創造の力」であり、錬金術師たちは、これを「賢者の石」*に求めた。錬金術師たちのいう「賢者の石」とは隕石《いんせき》のことであった。

＊　後に「賢者の石」は、錬金術で作られた水銀薬そのものを指すようになる。

錬金術の奥義は金の生成と不老不死の肉体を作る技。そのさい、隕石（創造力を秘めた神聖な石）の力が必要不可欠だった

隕石——鉄分を多量に含んだ天から飛来する石は、天上のバール神が地に下した雷石であり、大地の女神は雷石で打たれることによって金属の種を身ごもり、大地の胎内でそれらを金に育成する。隕石は天上神バールと大地母神アシュトラの完全な婚姻のシンボルであり、創造の力を秘めた神聖な石であった。*

* バールと雷石——天候神バールは、暴風雨神と太陽神の神性を包括する存在であり、女神アシュトラとともに、大地の豊穣《ほうじょう》を約束する「穀物神」、農業生産に欠かせない道具を提供する「鉄の神」であることは前述した。

彼の神話の構成は、作物の収穫儀礼とともに語られる。

すなわち、太陽が死んでいくと信じられていた冬至の日の前、秋の台風のシーズンにバールは雷によって、その男性原理を大地にもたらす。

雷はバールの精液であり、それによって大地の女神アシュトラは孕《はら》むのである。やがてバールが冬至の日に死んでいくと、バールの生まれ変わりである太陽神がアシュトラの胎内から、再び蘇生《そせい》することを繰り返すのである。

隕石は、鉄というバールの象徴と、アシュトラの象徴である岩の結合した物体であるが故に、彼らの力の統合――すなわち婚姻の印として信仰されたのである。

オリエントでは隕石を御神体としていた歴史的記述も多く残っている。たとえば紀元前二〇四年、ローマ元老院が神託によってキュベーレ女神（アシュトラの別名）をローマに迎えることを決議するが、この女神の御神体となっていた隕石をローマに運び、パラティヌスの丘の上に安置したことが記されている。シリア・エメサの地にあったバール神殿の御神体も隕石であった。

非金属を金に育成する女神の生殖器は川の水源にあり、その水源近くの洞窟《どうくつ》や巨岩が女神の子宮である。赤土（水銀砂）は女神の血を象徴していて、赤土のある所は錬金術師たちの聖地であり、巫女の居住区となっていた。

このようなユダヤの錬金術教義の側面から古代日本の海人の信仰を検証すると、偶然とはいえない一致点を見つけることができる。

たとえば、前述した大和山岳地帯の信仰的な中心地であったと思われる現在の天川《てんかわ》神社に関していえば、天川という女神の生殖器を表す川が流れ、（古来は）天の岩戸があったと伝えられていることから女神の子宮が存在していた。さらに天川の近くには水銀を産出する赤土の地名「丹生《にう》」が見られる。天川に伝わる宇津女《うずめ》の五十鈴の三角形の形状も、ユダヤ錬金術において「大地の女神の陰門」を意味した三角であったと考えられるのである。

一方、高野山においては、高野山の表玄関である大門も脇にある高野七結界「弁天岳」は水銀含有率の高い赤土からなっており、高野山の最も神聖な場所である「奥の院」には「水銀」あるいは「金」が産出されたのではないかといわれる玉川が流れ、奥の院の古来の御神体は現在御廟《びょう》横に安置されている「弥勒《みろく》石」と呼ばれる「隕石」であった。

天上のバール神の投げる雷石に打たれて大地の女神アシュトラが身ごもり、アシュトラの生殖器と子宮を意味する川辺の洞窟から蘇生した太陽神「黄金神」が誕生するという神話的イメージを把握することは重要である。

なぜなら、『古事記』の物語の根源モチーフがそこに隠されているからである。

それは『古事記』の代表的なシーン「天の岩戸」によく表れている。

――嵐の力を顕現する神・スサノオが乱暴狼藉《ろうぜき》を働き、機織女はそのために女陰に梭《ひ》（機織りの時に用いる舟型の道具）が刺さり死んでしまう。これにショックを受けた天照大神は天の安川の近くの岩戸にこもってしまったが、神々の策略と宇津女《うずめ》の踊りで外へ誘いだされた。その後、罪をつぐなうためにスサノオは下界に落とされ、八岐大蛇《やまたのおろち》を退治して、鉄の剣を天照大神《あまてらすおおみかみ》に奉じることで両者は和解する。

以上の物語と、ユダヤ民族の故郷となった「カナン」に伝わる「バール*の原始的な神話」を比較して見てほしい。

＊　この物語では、バールはまだ太陽神としての役割を付与されていないが、太陽神を味方にして、太陽神を加護する神になったことが描かれている。

――混沌たる時の初め、神々の役割が決められていなかったころ、大地には君主も支配者もいなかった。特に二人の神が地上の支配者となる権利を争っていた。大気と雨の神・バールと河川を支配する神・龍のヤムである。バールにはアスタルテとアナトという美しい姉妹がいた（アスタルテとアナトはアシュトラの同一神でもある）。龍はバールに反抗しない条件としてアスタルテを求めた。

これに怒ったバールは、龍を二つの鉄の棍棒で退治する。

バールはこれで地上の王となり、妹のアナトと二人で下界におり、立派な神殿を建築して宴《うたげ》をもよおす。しかし、祝いに呼ばれなかった冥界《めいかい》の王・モトはバールに呪《のろ》いをかけて殺してしまい、バールの体を冥界に引きずり込む。

妹のアナトは嘆き悲しみ、太陽の神に訴えてバールの遺体を冥界から連れ戻してもらうのである。

アナトはバールの遺体を「聖なる丘」に埋め、仇《かたき》であるモトを殺した。

それによって、バールは再び蘇《よみがえ》ったのである。

しかし、同じように蘇ったモトが、再びバールに戦いを挑もうとした時、太陽神がバールに味方したため、モトは退いた。

太陽神に感謝したバールは、太陽神を養い、守る約束をしたのである。

この物語の中で、バールはスサノオさながらに下界におりて龍・ヤムを退治し、下界の王となる。そしてスサノオが龍の人身御供《ひとみごくう》となりかけた櫛名田姫《くしなだひめ》と結婚したように、ヤムが求めたアスタルテと同一神であるアナトと結婚して、神殿を建てる（スサノオも櫛名田姫と婚礼し、出雲に大宮殿を建てた）。

その後、死んだバールは妻アナトと太陽神の力で蘇り、太陽を加護する神となる。

しかし、この「カナンの物語」と『古事記』を検討すると、本来スサノオの「下界追放」と「八岐大蛇退治」は「天の岩戸」の前にあった物語であり、太陽神スサノオが龍を退治して王となった話が伝えられたものだということが分かる。

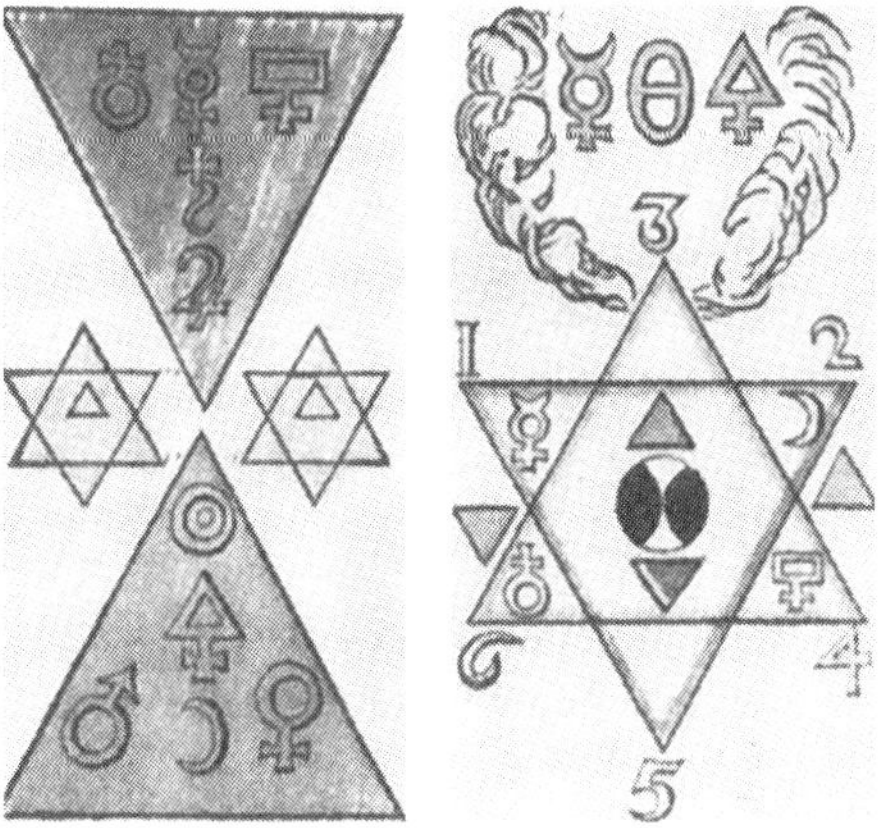

バールとアシュトラの婚礼と錬金術の奥義の関係を象徴する図版（『薔薇十字団秘図集』より）

オリエント版「天の岩戸」の物語。洞窟の王と女王、太陽が自分を生む女を抱いている

カナンの物語から読めば、スサノオは「下界追放」「龍退治」の後、バールがそうであったように死んでしまい、妻によって蘇生されなければならない。

『古事記』にはスサノオの死と妻による蘇生は描かれていないが、「天の岩戸」のスサノオが乱暴を働き、機織女を死亡させるシーンでそのことを表現している。

機織女の死因――女陰に梭が刺さるという形容*は性交を暗示しているのである。つまり、スサノオが乱暴を働き機織女が犯されたことを意味している。

このイメージはバール神が雷石で打って(乱暴を働いて)、アシュトラを妊娠させることに繋《つな》がっている。

スサノオの行った乱暴狼藉が「逆さ剝《は》ぎした馬」を機屋に投げ込む行為であったことも注目される。馬はユダヤ民族の間でバールに捧げる聖獣であった(錬金術のシンボルには、馬の蹄鉄がよく表れる)。

これによって、天照大神という太陽神が、大地の女神の生殖器と子宮である「天の安川」のそばにある「天の岩戸」の中に逃げ込んで、死と蘇生を果たして再び出現する。

しかし本来、天照大神とスサノオ神は同一神＝バールとして描かれていたのである。

『古事記』は太陽神バールの地上支配と死、妻による再生を描いていたのである。

つまり、このように読めば『古事記』はカナンの原始的なバール神話が、後に錬金術的教義のもとになった太陽神の「死と再生」の神話になっていく過程で生まれたものだということが判明する。

『古事記』が、以上のような「ユダヤ錬金術神話」を原型にしていることは「日本神話の太陽神」天照大神を祭っている伊勢神宮**に目を移しても発見することができる。

伊勢神宮の発祥は、現在別宮としてある荒祭宮《あらまつりのみや》である。

荒祭宮には石段の途中に「踏まぬ石」という「天から降ってきた」と伝えられる石が存在している。この石は絶対に踏んではならないといわれ、古来は神聖な石であったことが窺《うかが》われる。現在の「踏まぬ石」は水成岩だから隕石ではないが、「天から降ってきた」というぐらいであるから隕石信仰があったことの名残であろう。

さらに近くを流れる五十鈴《いすず》川に面してある岩が伊勢神宮の本当の御神体であったとも伝承されており、日本神道の頂点に立つ伊勢神宮すら「女神の生殖器と子宮」「婚礼の印としての隕石」という錬金術神話の要素を十分に満たしていたのである。

＊　櫛《くし》や矢、あるいはこのように梭《ひ》などで女陰を刺して死ぬ（あるいは懐妊する）女神や巫女の説話が日本神話には頻繁に登場する。火の神を産んで女陰を焼いて死ぬイザナミもこの説話の類に入るものと思われるが、オリエントやエジプトにおいて、太陽神が死ぬと信じられていた「冬至」

の日、神聖な個室で巫女が日の出の太陽の光を陰部にあてながら棒状のものを膣《ちつ》に差し込むという性的儀式が行われた。

太陽神に新しい命を吹き込むための儀式であったが、古来日本における右記のような神話の伝承はこうした儀式が行われていた片鱗《へんりん》であった可能性が高いと思われる。

＊＊『伊勢神宮由来縁起帳』においては、伊勢神宮の発祥は丹後王国より豊受之大神《とようけのおおかみ》遷宮に随行した渡来氏《わたらい》によって、現在の荒祭宮が建立された所から始まっている。荒祭宮に祭られた神はアラハバキ姫と呼ばれる女神であることが他文献に記述されているが、アラハバキが古代アラム語系（ヘブライ語・アラビア語）の言語において「偉大なる赤い神」と読めることから、水銀の女神を祭った宮だったのではないかと考えられる。

「不老不死」の水銀薬が古代日本の儀式に用いられた

錬金術における「不老不死」の力を秘めた水銀薬は水銀と硫黄、数種類の物質の混合物を金《きん》箔《ぱく》で覆った丸薬だったと想像される。

前述した剣山《つるぎさん》に秘められたソロモンの錬金術の奥義の例でも、日本において実際に錬金術的な「不老不死」の教義が実践されていた可能性があることを示唆したが、元伊勢神宮の祝部《はふりべ》職 海部《あまべ》家に伝わる「日継の儀式」に関する口伝がより濃厚にその可能性を物語ってくれる。

海部光彦《みつひこ》氏は海部家では代々「日継の儀式」の時に、「マナの壺《つぼ》」に真名井《まない》の井戸の水をくみいれ、ある種の不老不死の奥義を施した後に、そこに「壺の金」を削《そ》ぎ落として混ぜ合わせて飲むことによって先代当主の死によって死した神霊を、再び次代の当主の体に蘇生させることを目的としたと説明されていた。

元伊勢神宮の近くにも丹生なる地名が存在していることから、海部家で「日継の儀式」に服用されたものが、水銀と金からなる「錬金術的秘薬」であったことは間違いない。

こうなってくると、空海が建立した高野山金剛峯寺《こんごうぶじ》で水銀薬による儀礼が行われていたことを疑う余地はない。

金剛峯寺には水銀が産出し、砂金が流れる川があった。さらに「不老不死の力を持つ水銀薬」を製造するのに不可欠といわれる「賢者の石＝隕石」が存在していたことこそが現実である。

日本の秘史にはユダヤの錬金術的シャーマニズムが脈々と流れていたのである。

第五章　錬金術の導師・空海の軌跡

虚空蔵求聞持法は錬金術結社へ入団のイニシエーション

「おん・ばざら・あらたんのう・うん・なも・あきゃしゃ・らば・おん・あみりきゃ・ありぼ・そわか」その真言を一日一万遍《いちまんべん》、百日間となえれば見聞・知覚したことを一つとして忘れることのない驚異の記憶力が身につくのみか、修行の深さによっては大神通力も開眼する――二十四歳の若き日の空海が一沙門《しゃもん》に教えられ修行したといわれる有名な「虚空蔵求聞持法《こくうぞうぐもんじほう》」がこれである。

空海は四国阿波《あわ》の大滝岳《おおたきだけ》によじ登り、石槌山《いしづちやま》に瞑想《めいそう》し、苦行の末、室戸岬《むろとざき》の洞窟《どうくつ》に結跏趺坐《けっかふざ》して虚空蔵求聞持法を修法した結果、「明星が口より体内に飛び込む*」という神秘体験を経て悟りを開いた。

＊ 仏教経典「虚空蔵求聞持法」には「光明が体内に飛び込む」といった表現は存在しない。修法のあかつきには、行者は虚空蔵菩薩《こくうぞうぼさつ》の姿を見ると記されている。「光明が体内に飛び込む」とは空海の独自の体験であったことを挙げておく。

しかし、この「虚空蔵求聞持法」こそが空海がユダヤ錬金術結社へ正式入団を認められるためのイニシエーションだったのである。

ユダヤ錬金術結社の入団イニシエーションがいかなるものであったかは、現在のフリーメーソンの入団イニシエーションからも導き出すことができる。

フリーメーソンの入団イニシエーションは、次のように行われる。

新加入者は「反省の部屋」と呼ばれる独房に入れられる。内部を真っ黒に塗った部屋の中には小さなテーブルと椅子《いす》があり、テーブルの上には、水差し、パン、髑髏《どくろ》、杯が二個のっている。杯にはそれぞれ硫黄と塩が入っている。壁には鶏を描いた象徴的な絵模様とV・I・T・R・I・O・Lなる文字が記されている。

新加入者はこの部屋で反省を行う。

壁に描かれた鶏は、太陽神と水銀を表す象徴になっている。文字は「硫酸塩」という意味だが、一種の字謎《アナグラム》であって「大地の内部への訪問。汝《なんじ》、矯正によって隠された石を見いだせん」という意味が含まれている。

新加入者は先輩たちの質問に答え、誓約をする。そして左の胸と右足を露出させられ、目隠しをされて試練を受ける。試練が終わって彼が「光明を受ける」（目隠しを外される）時、すべての兄弟が彼の胸に剣の先をつきつけることにより疑似的な死を体験して、彼は正式な兄弟と認められるのである。古来にはこれが終わってのち「賢者の石」が彼に手渡されたとされている。

「大地の内部への訪問。汝、矯正により隠された石を見いださん」という字謎は、元来このイニシエーションが洞窟の中で行われたものであることを告げている。

杯の中の硫黄・塩・鶏が表す水銀は錬金術の水銀薬の材料であるから、実際のイニシエーションでは水銀薬が服用されていたことだろう。

バールやミトラを崇《あが》めたゾロアスター教が強力な麻薬の幻覚作用を利用して、新加入者に「魂の旅」と呼ばれる一週間にわたるイニシエーションを施行していたことを考えれば、ユダヤの錬金術結社でも幻覚剤を含んだ水銀薬が使用されていたと考えるべきであろう。「聖書」に登場するユダヤの預言者の強烈なビジョン（幻視）を読めばそう考えて当然である。

阿波の大滝岳という水銀の産地から修行が始められたことから空海の修行が水銀薬とともにあったことは疑う余地がない。

空海が水銀を服用していたことを、壮年から晩年に悩まされた病の症状（頭部の腫《は》れ物や肝臓障害）が水銀中毒特有のものであったことから指摘する学者は多いが、幻覚剤については取り上げられていない。

彼らは「明星が体内に飛び込む」という神秘体験を水銀のもたらす「覚醒《かくせい》剤に似たハイ症

状」の結果であると主張しているが、この説については私は異論を持っている。

私は執筆のために、中国の道教に伝わる水銀薬を服用させていただいたが、血圧が上がり軽い興奮状態になったものの、幻覚を見るという手応《てごた》えには遥《はる》かに遠いものを感じた。

空海はもっと幻覚作用の強い薬物を混入した水銀薬を服用し、錬金術師たちが「光明を受ける」と形容する儀式の暗示を受けて「明星が体内に飛び込む」という神秘体験を得たとみるべきであろう。

「虚空蔵求聞持法」が錬金術結社入団のイニシエーションだったのではないかというさらなる根拠は、高野の御神体であった「弥勒《みろく》石」という隕石《いんせき》が、室戸の洞窟から空海が持ってきたものだと伝承されているところにもある。

正確には「高野の元来の御神体である御厨《みくろ》明神は、土佐の室戸の洞窟にいた神であり大師を守護しつつ高野に来た」と高野では伝えられ、室戸において「御厨明神は猿田彦神《さるたひこのかみ》」であり、御厨洞（室戸の洞窟）の御神体は御厨《みくろ》石と呼ばれる石であると伝えられている。この二つの伝承を繋《つな》ぎ合わせれば、室戸の洞窟の神・猿田彦神＝弥勒菩薩（ミトラ）の御神体・弥勒石（御厨は弥勒の誤りであろう）を空海が所持していて、それを高野へ持ってきたと容易に考えられる。

つまり空海はフリーメーソンの新加入者のように、イニシエーションの後に「賢者の石」を授けられたのである。

室戸後の空海の変貌《へんぼう》ぶりには目を見張るものがある。

都の大学のエリートに挫折《ざせつ》し、『三教指帰《さんごうしいき》』を世に問うた二十四歳の空海であるが、当時無名の学生である空海の『三教指帰』に目をくれる人はいなかった。

それは郷里では神童ともてはやされた空海も都では少なくともずば抜けた、あるいは目立った学生ではなかったことを意味している。

失望した空海は「別の世界」で生きる道を選ぶ。

室戸のイニシエーションの後、空海はふっつりと七年間「歴史」から消息をかき消した。

次に空海が僧侶となって歴史に名を表した時に、彼は無名でありながら超エリートの登竜門である遣唐使に推挙され、唐においては恵果《けいか》三千人の弟子を尻目《しりめ》に密教の被伝授者となり、都へ戻って着々と大僧正への道を歩みだすという奇跡を見せるのである。この室戸後の違いこそが、何よりも空海がイニシエーションを経て錬金術結社のバックを取り付けたことを物語るのではないだろうか。

では、これから空海の大学挫折から遣唐使をへて都で僧侶としての地位を得ていくまでの生涯の軌跡を詳しく検証していくことにしよう。

身分制度に挫折した空海

郷里、讃岐《さぬき》では神童と呼ばれるほど優秀だった空海は両親からの期待を一身に背負い、七歳の時から当時伊予親王《いよしんのう》の侍講《じこう》であった伯父の阿刀大足《あとのおおたり》から学問の教示を受けるようになる。この時のことを、空海は『文鏡秘府論《ぶんきょうひふろん》』の中で「私は幼い時から母方の伯父について非常に多くの詩文章、儒学など漢籍を学んだ」と回想している。渡唐の時に周囲を驚嘆させた抜群の語学力や漢詩の才能は、こうした幼い時からの英才教育の賜物《たまもの》だったといえるだろう。

空海はその後、十二歳で讃岐の国学（地方の教育機関）に漢学を学び、優秀な成績を修め、十五歳で伯父の大足の勧めで、当時の貴族子弟のエリートコースであった大学に入学するために都に入った。

しかし、この十五歳の都入りで、讃岐の伸びやかな環境の中で過ごしてきた空海の人生は一変した。

当時大学には五位以上の十五歳から十八歳の貴族の子弟のみが入学を許されることになっていた。五位以下の子弟の入学は稀《まれ》に「八位以上の子で心に学と願わせば聴せ」という特例が認められることはあるとはいえ、あまり歓迎されるものではなく、直《あたい》「八位」の子息であった空海の大学入学は困難を極めたようである。

十五歳で都入りしてから大学入学資格を失うギリギリの十八歳まで大学入学を待機することになった事実がそれを物語っている。

地元の学校で神童ともてはやされていた空海にすれば、随分と悔しい思いをしていただろうことは容易に想像できる。

「学問なら誰にも負けない自信がある。なのに何ゆえ入学を認めてくれはしないのか！」

青年空海は日々その理不尽に憤慨を募らせていったに違いない。

しかし、どうにか伊予親王の侍講であった伯父の大足、そして奈良大仏建立に多大な助力をした佐伯の長老毛人《えみし》亡き後の佐伯氏族の奔走によって、大学入学は資格を失う寸前のところで認められることになった。

ようやく念願の大学に入学し、意気揚々と大学の講義を受けはじめた空海であったが、空海の前にはまたもや現実の壁が立ちふさがった。空海は都での生活を通して、身分社会の軋轢《あつれき》を初めて実感したのである。

当時の貴族社会では五位以下の身分のものは人間ですらないといった風潮が主流であった。五位以上の子弟であれば大学で学ばずとも、あるいは役人の登用試験に合格せずとも次第に昇進して官位につくことができる。それに比べ空海のような地方官吏の子弟の行く末はどんなに優秀であったとしても現実には決められているようなものだったのである。

空海が自分自身を海人という排斥される側の人間であることを強く意識させられたのはこの時からであった。

しかも、大学の講義は毎日漢学と儒教の単純な暗記と素読の繰り返し。空海自身の力を十分に発揮できるものではなく、知力で世に認められようと志した彼を落胆させた。

空海は次第に学習意欲を失っていってしまう。

後に空海は大学の講義を聴く自分の心境を著書『三教指帰』で、こう語っている。

「儒教には目前の利益となり、助けになるところすらない。人間とは何か、どう生きればいいのか大学の学問はそれを知る手掛かりすら与えてくれない」

空海の呟《つぶや》きは、中央の身分制度に対する抗議の現れであった。

悩み抜いた挙げ句にプライドの高い空海は、身分からすれば本来なら望むべくもなく、またやっと手に入れた最高のエリートコースを打ち捨ててしまう。大学中退、二十歳の時であった。

空海の足は大峯《おおみね》や吉野《よしの》の山岳修行場に向かった。

中央の身分制度の前に絶望した青年は古代ユダヤ人（海人《あま》族）の勢力奪回にかける錬金術集団に自らの可能性を見いだしていくことになる。

空海の僧としての活動が大峯、高野《こうや》といった場所から始まったことには大きな意味があったのである。

エリートコースに絶望した若き日の空海を導いたと思われる人物が、勤操《ごんぞう》という僧であった（空海は二十歳の時、勤操と出会い和泉《いずみ》国の槇尾《まきのお》寺で沙弥戒《しゃみかい》を受けて私度僧になった）。この勤操こそ古代ユダヤの錬金術師丹生《にう》一族出身の人物であった。

例えば、次のような出会いであったのではないだろうか。


――まだ夜が明けたばかりで空も白みはじめていないうちに、真魚《まお》は大学の寮をこっそりと抜け出し旅に出る決意をした。といって、これという行く先があるわけではなかったが、このまま大学に籍をおいても詮《せん》ないことに思われたからである。

「きっとどこかに自分の力を思う存分に発揮できる場所があるはずだ」そう思いながら、わずかばかりの手荷物を下げ、着の身着のままで山への道を進みだした。当てのない今、仲間の鬼たちの多くいる都の外れに行くことが何よりも心強かったからであった。

しばらく歩き、道の三叉路《さんさろ》まで来て、真魚は、「さてどちらに行ったものであろうか……」と立ち止まった。考えれば、せっかく故郷の父母が期待をかけて送りだしてくれた大学を諦《あきら》めたとあれば、余程の手柄を立てなければ国に帰れる道理もない。なにやらつくづく途方に暮れたような気持ちになり、真魚は道の道祖神のかたわらに座り込んだ。その時である、

「お主、そんなところで何をしておる？　このような明け方に道端に座り込んでいるとは面妖《めんよう》な、さては魑魅魍魎《ちみもうりょう》の類が化けたものではあるまいな？」

そういう声に顔を見上げれば、一人の上背高い旅の僧侶が真魚の顔を覗《のぞ》き込んでいた。

「髪の色が少し普通のものとは違う。ほほう。お主、鬼じゃな」

と僧侶が薄ら笑いを浮かべた。

「いや我は怪しい者ではありませぬ。今先程、都の大学を止《や》めてこの先どうしようかと座って考えておったのです」

「鬼が都の大学におったとな、ますます面妖な」

真魚はドギマギして立ち上がった。僧侶は愉快気にカラカラと笑い、

「そのように慌てられずともよい。実はかくいう我も鬼じゃ。紀州丹生の一族、勤操と申す。なにやら訳ありのような、悩みを聞くのは僧侶の勤め、話してみなされ」

「我は、讃岐国多度の直佐伯の一族の真魚と申すもの。父母に都の大学にやってもらったのはよいが、大学に来てみれば鬼の居場所は都にはない様子。どこかに力だめしのできる場所がないかと思うて、大学を止めてきましたが、行くあてもなく思案しておったところでございます」

「佐伯の真魚とな……我ら丹生一族も佐伯どのとは浅からぬ縁。讃岐での丹を探す時には、手

助けもしていただいた。どうせ行く当てのない身であれば我と一緒に来る気はないか？」

「どこへでございます？」

「この道を真っすぐいけば、高野山に至る。そこには役小角《えんのおづの》様の時代より古《いにしえ》の教えを守る海人たちがあまた居住し、朝廷のしく圧政に反旗を翻してきもうした。勤操も僧侶の姿をして世を忍んでおるが、その一人。先に我らが送りだした道鏡は一時は天皇の位につくやもしれぬというところまで行きもうした。真魚どのの力もそこでなら思う存分、試すことができるやもしれぬぞ」

真魚は希望の光を勤操の言葉に見いだした。

「連れていってくだされ！」

いつのまにかほんのりと空が白み、二人のかたわらの田んぼには、雀たちが人のいぬ間に稲穂をついばむために集まってきていた。

「燕雀《えんじゃく》いずくんぞ鴻鵠《こうこく》の志を知らんや」

勤操は力強く真魚の肩を叩《たた》いた。

丹生一族は大きな経済力を持ったユダヤ錬金術師一族だ

ここで空海を導いた僧・勤操《ごんぞう》について詳しく検証してみよう。

記録において、空海との関係で勤操の名が現れるのは『丹洞夜話』巻二。「真言古義派、古来無本寺。勤操僧正大師の師、宝亀《ほうき》五年故ありてここに来り、丹生大神宮の神託によりて神宮寺及び大御堂を開基したまう」という一文のみである。

勤操に神託したこの丹生大神宮に祭られていたのは、丹生津姫《にうつひめ》（女神アシュトラ）だった。丹生津姫は古代ユダヤ人（海人族）丹生一族の氏神であることから、勤操は丹生一族の出身であったと考えられる。

丹生一族は中央構造線に沿って、北九州から四国、紀伊半島を隔てて伊勢に至る地帯の水銀を中心にその他の鉱物を採鉱して渡り歩く金属師であり、神に贄《にえ》を捧《ささ》げる宗教的役目を負った猟師でもあった。

神に贄を捧げるのはユダヤ人においてレビ族の頂点にあるアロンの一家にしか許されていない特権であることを考えるならば、勤操はモーセの弟アロンの末裔《まつえい》ということになるのだろう。

それに加え、古来水銀は、錬金術的水銀薬の材料のみならず、金のメッキをするため（佐伯今毛人が膨大な金、銅を寄進した奈良大仏の建立のさいにも、水銀が金メッキのための材料として用いられたことが記録されている）に用いられたり、朱の顔料、あるいは薬の材料としても用いられる高価な品物として珍重されていたので、丹生一族の勤操は、古代ユダヤ人の中で

丹生都比売明神（高野山）

も、相当な経済力と宗教的地位を持った錬金術師であったと考えられる。

もともと採鉱業を営む古代ユダヤ人（海人族）佐伯氏の出身の空海は、同じユダヤ人の錬金術師・勤操に導かれ、役小角以来続く山岳の錬金術結社と関わりを持っていくのだが、勤操が、後の空海の遣唐使推挙、高野山建立の立役者となったと見られることから、勤操と空海の繋がりは先の一文以上に強いものであったに違いない。

勤操が高野山建立の立役者になっただろうことは「高野山伝承」の中にかいま見ることができる。

高野山伝承によれば、空海は、弓矢を担ぎ、二匹の犬を連れた狩場明神《かりばみようじん》なる山の神に導かれ高野山に至り、丹生津姫の領地をいただいて高野山を開創した。

この伝承に登場する丹生津姫（上の写真参照）

とならぶ高野山のもう一つの鎮守神・狩場明神は、神羽《かんば》、鹿庭《かにわ》、狩場《かりば》という名称が銅や鉄の生産と関係した名称であり（山窩《さんか》の隠語で鹿〔か、しか〕といえば銅、鉄の意味であり、鳥〔とり〕と言えば金のことであった。高野山は銅、鉄、水銀といった採鉱に最適の山だったのである。その証拠に高野のすぐ近くには飯盛銅山があってつい最近まで〔当時〕採鉱されていた）、その採鉱との関係を示唆する名前と猟師の恰好《かっこう》が、丹生一族を連想させる。狩場明神は、丹生一族・勤操の神格化なのであろう。

空海は勤操の後ろ楯《だて》で、丹生津姫の領地を取得することができたのである。

古代ユダヤの錬金術師・勤操との出会いは、空海のその後の人生を激変させるものであった。勤操に導かれ、空海は大峯・高野・葛城《かつらぎ》・熊野などの錬金術結社の中で四年の間修行をした後、四国阿波の大滝岳に立った。

四国の鉱脈ラインは空海密教によって築かれた

空海は四国での修行を回想して『三教指帰』の中で「阿波の国の大滝岳に登って修行した」と述べている（大滝岳は山全体が石灰岩からなっており、近くを流れる那賀川を遡《さかのぼ》ると丹生谷があり、水銀が産出される場所であった）。ある一人の沙門から授けられた「虚空蔵求聞持《こくうぞうぐもんじ》法《ほう》」を成就するためにである。

最後に室戸の洞窟に入り、空海が「おん・ばざら・あらたんのう・うん・なも・あきゃしゃば・らば・おん・あみりきゃ・ありぼ・そわか」という虚空蔵の密教の真言を一日一万回、百日間となえ続けたところ、谷がこだまし、明星が現れて口の中に飛び込むといった奇跡が生じた。

「虚空蔵求聞持法」そのものが、その後いかなる効力を空海にもたらしたかは本人以外には知るよしもないだろうが、室戸の洞窟で行われたのが、錬金術結社への入団イニシエーションだったことは前述したとおりである。

古来より室戸は、錬金術的な太陽信仰のメッカであった。

室戸の洞窟の手前一〇キロほどの所には、伊勢と同じ夫婦岩《めおといわ》と呼ばれる岩が二つ聳《そび》え、そこから初日の出を拝む習慣が伝えられている。

冬至の日に死に、年の初めに再生するといわれるミトラ神（猿田彦神）への太陽信仰の代表的な儀礼である。

さらに空海の座した洞窟の内部は黒く焼けたすすで覆われており、そこで昔は神聖な火を焚《た》く風習があったらしいということであった。

洞窟の内部で燃やされる火は、ユダヤ錬金術で、太陽神ミトラへ再生の力を与えるものであると同時に、神の祭壇に灯《とも》される「消さずの火」の番が行われていたことを物語っている。空海は水銀薬によって酩酊《めいてい》状態の幻覚を見ながら、火によるイニシエーションを受けたのであろう。

仏教僧としての空海という名があまりに偉大なため、こうした推理は妄想的なことと見られがちだが、それは空海の本質を見落としているのである。

空海は仏教への道を選ぶ以前に当時としての最高の教養人であった阿刀大足《あとのおおたり》について育ち、都へ上って十分に世間のことを見聞きもし、儒教を学び、道教を学び、二十歳にして初めて私度僧となった。仏教人として純粋に培養された同時代の最澄《さいちょう》などとは、その点において根本的に違っている。つまり空海の仏教的な側面は極めて後世の衣であって、実際の彼は、極めて現実的、実際的な感性を持っていた人物であったはずだ。

一時は中央のエリートを目指した野心的な青年・空海が、身分制度に挫折した末に、仏教的な救いと悟りに行き着いたと見るよりも、権力への反発心から反権力的な団体に身を投じることによって、巻き返しを図ろうとしたと考えたほうが遥かに合理的なものの見方であろう。

四国における修行期間とされる二十四歳から、遣唐使船に乗り込む三十一歳までの間の空海の足跡を辿《たど》れば、そのことがさらにハッキリとする。

次ページの地図を見てもらいたい。空海が四国で修行したといわれる場所には、現在の真言

香川県
(讃岐)
徳島県
(阿波)
高松
鳴門海峡
淡路島
鳴門
徳島
紀伊水道
蒲生田岬
室戸岬
高知
香川県
⑯雲辺寺
⑰大興寺
⑱神恵寺
⑲観音寺
⑳本山寺
㉑弥谷寺
㉒曼荼羅寺
㉓出釈迦寺
㉔甲山寺
㉕善通寺
㉖金倉寺
㉗道隆寺
㉘郷照寺
㉙高照院
㉚国分寺
㉛白峰寺
㉜根香寺
㉝一宮寺
㉞屋島寺
㉟八栗寺
㊱志度寺
㊲長尾寺
㊳大窪寺
(結願寺)
徳島県
①霊山寺
(札始)
②極楽寺
③金泉寺
④大日寺
⑤地蔵寺
⑥安楽寺
⑦十楽寺
⑧熊谷寺
⑨法輪寺
⑩切幡寺
⑪藤井寺
⑫焼山寺
⑬大日寺
⑭常楽寺
⑮国分寺
⑯観音寺
⑰井戸寺
⑱恩山寺
⑲立江寺
⑳鶴林寺
㉑太龍寺
㉒平等寺
㉓薬王寺
①〜㊳ 四国88ケ所札所
J R 鉄 道
県 境
灯 台
Cu 銅 山
Hg 水 銀 鉱 山
※白ヌキ数字は若き空海が修行した寺

空海の修行時代の足跡と各鉱山の分布図

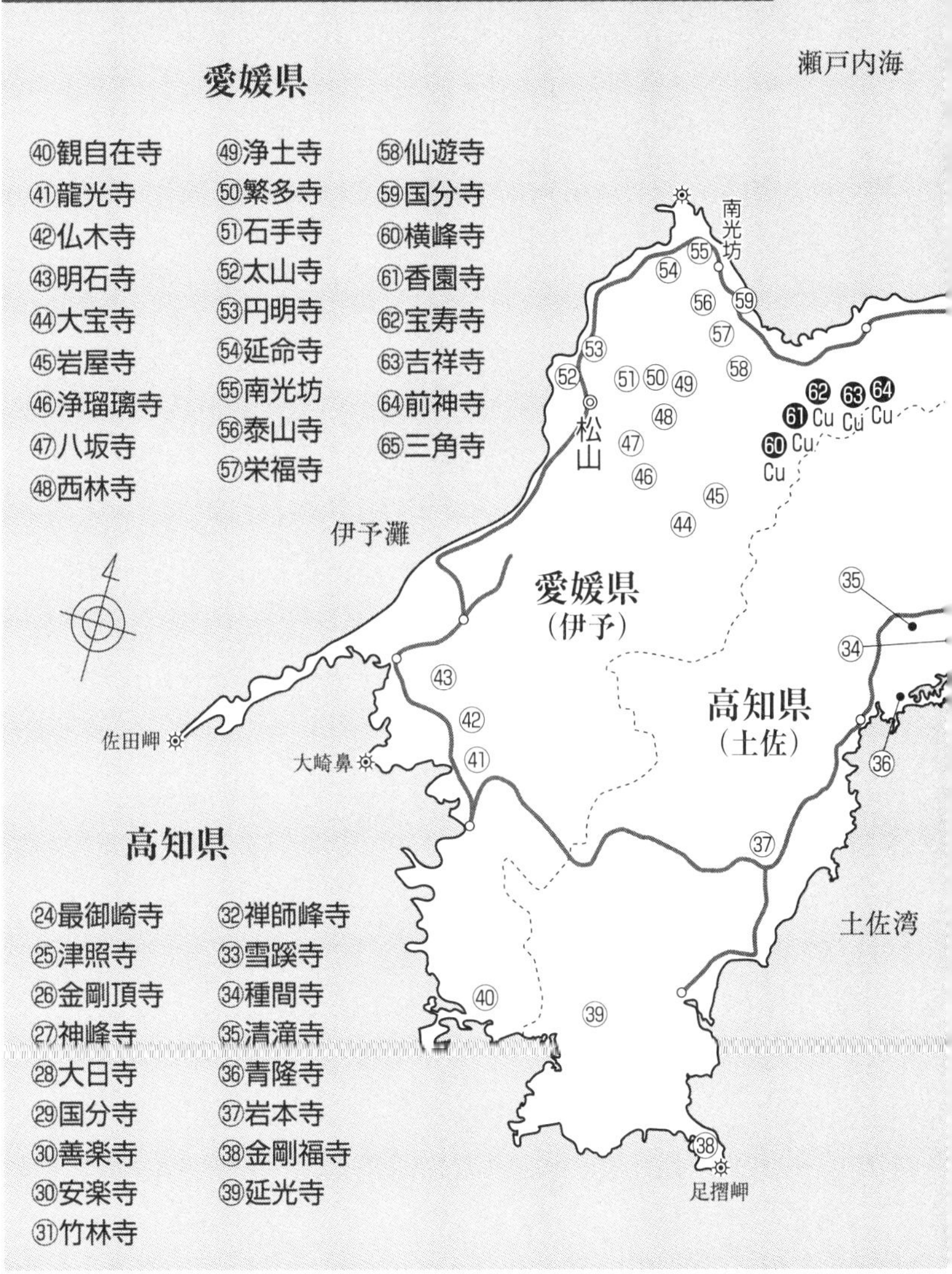

宗の別格寺院や四国八十八カ所の札所が点在しているが、その分布図は見事に四国の著名銅山および水銀山の分布と重なっているのである。

空海は密教の修行に明け暮れていたのではなく、四国の鉱脈の開発を行っていたのである。ここにも信仰と採鉱が同一性を持つ「錬金術」的な影を見ることができる。

この結果、空海は四国の鉱脈の生み出す膨大な富と、丹生一族・勤操の後ろ楯を持つことに成功した。

室戸周辺に残る錬金術的信仰の痕跡

室戸はその地名自体が「石室の戸――洞窟・黄泉の国への入口」を表すことからも、錬金術的な信仰を色濃く匂わせている。

空海が悟りを開いたといわれる土佐室戸の岩屋から少し高知方向へ向かうと、空海が密教の灌頂《かんじょう》の会式《えしき》を行ったといわれる灌頂ケ浜に辿り着く。

灌頂ケ浜の手前を左に折れた遊歩道の両側には奇怪な形をした巨岩が並び立っている。左側にあるのが子授け岩、右側にあるのが牛の角といわれる岩である。

ユダヤ人の信仰したアシュトラとバールの夫婦神は、豊穣《ほうじょう》の神でもあり、アシュトラが女性の生殖器、バールが男性の生殖器をかたどって表されることもあった。まさにこの子授け石は形状から女性器を連想させ、牛の角の岩はバール神そのものを意味している。

さらにそこから高知よりに一〇〇メートル程先に進むと龍宮《りゅうぐう》岩と呼ばれる岩があり、中腹には龍宮様を祭った社がある。丹後の元伊勢と同じく龍宮信仰（不老不死信仰）が存在していた証である。

室戸岬と対をなす形で太平洋に突き出ている足摺岬《あしずりみさき》も空海の伝説を数多く残している。灌頂ケ浜からの道をさらに足摺岬近くまで来ると右手に亀の石と呼ばれる石がある。それは空海が丹後の浦島子と同じく亀に乗って海を渡った伝説を遺す石である。

空海は「不老不死」の力を秘めた「玉手箱」を手にした浦島子と同一に語られていた。

遣唐使に関する謎

空海が四国の採鉱に勤《いそ》しんだ七年後、再び空海はその名を歴史舞台に登場させる。『梅園奇賞』に空海が正式に得度僧となった記録が太政官符に記録される時である（八〇三年）。

実はそれまで空海は正式な僧侶ではなかった。政府の認める官僧となる考試が空海にとって困難なものではなかったにもかかわらず、三十歳にして初めて官僧となったのである。その動機となったと思われるのがこの時、二十四、五年ぶりに遣唐使船が再開される決定であった。

遣唐使船再開に合わせて慌ただしく正式な僧侶となったという事実においても空海が真からの仏教徒であったことが否定される。もともと空海の仏教は主体的で、屈折していて複雑であり、混沌《こんとん》としたものがあると評されているが、それは空海の根底に錬金術的思想が脈打っており、それらが空海仏教の中にブレンドされているからなのである。

空海の渡唐には従来いわれるところによれば二つの大きな謎が存在していた。

一つはそれまで全く無名といっていい私度僧の空海が、官僧になったばかりでなぜ、遣唐使に推挙されたのか、次に当時唐での留学生活には自己負担で莫大《ばくだい》な資金が必要であったのを空海がどのようにして用意しえたのかである。

まず空海が遣唐使に推挙された謎であるが、空海に沙弥《しゃみ》戒を授けたといわれる勤操が当時僧の人事を決める僧綱所《そうごうしょ》に大変な力を持っていたことから考えて、勤操が錬金術結社の直接の先輩として、空海を遣唐使に推挙する立役者になって空海の遣唐使派遣が実現したものと思われる。

次に留学費の問題である。このことが空海の遣唐使派遣での最も大きな謎であると従来指摘されていた。しかし、先にも記したように空海が四国の鉱脈が生み出す富をバックにつけ、経済力のある丹生一族が空海の渡唐費用を支援していたとすればどうだろうか？

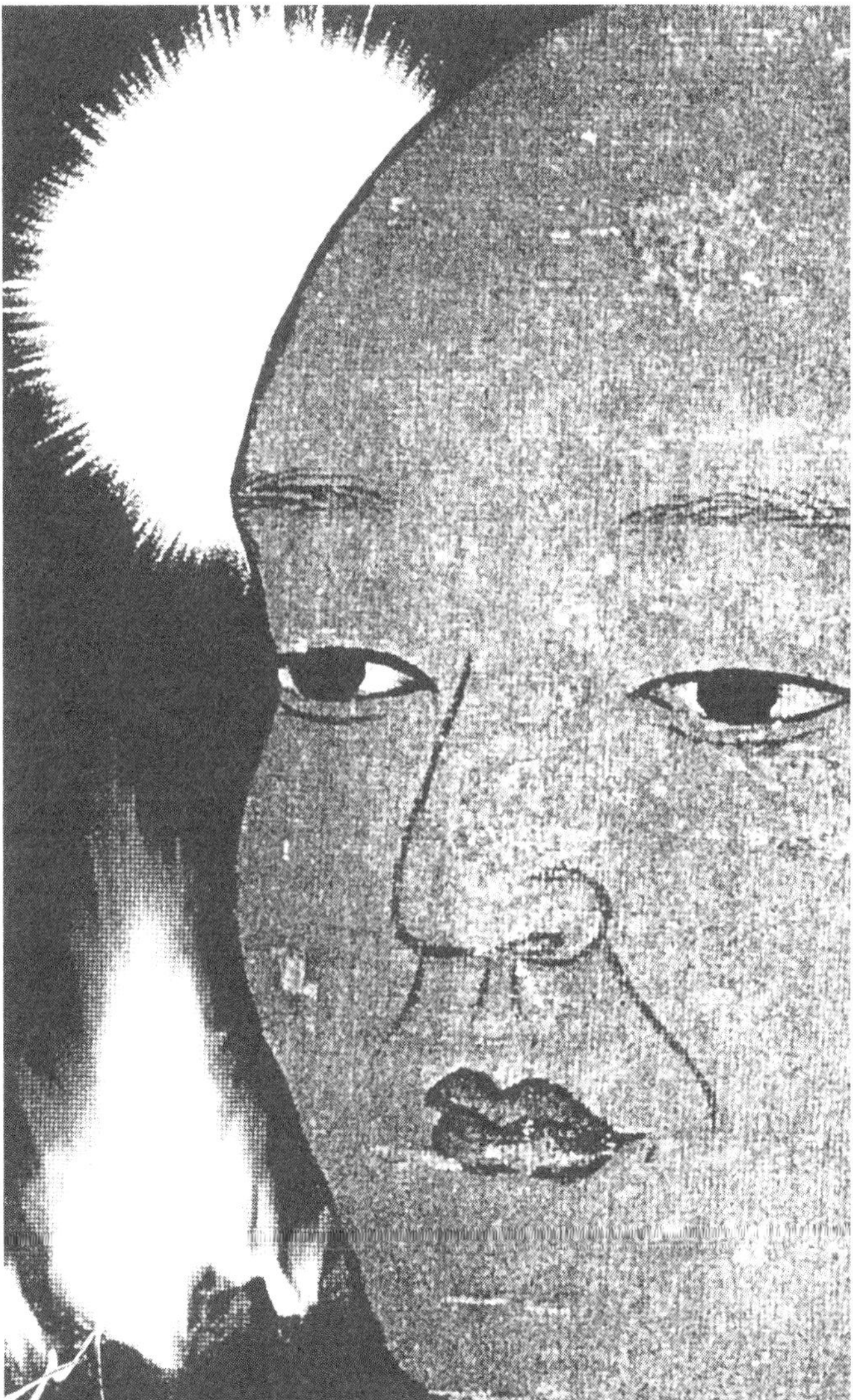

土佐室戸で悟りを開いたといわれる空海。7年間の修行と採鉱ののち、空海の前途は密教正系の継承者となるべく運命づけられていく

いやそうでなければ当時、還学生《げんがくしょう》として天台宗請来《しょうらい》のために国費を受けて遣唐使として渡った最澄を遥かに上回る膨大な渡航費用を一介の私度僧であった空海が用意しえたはずはないのである。

実は、丹生一族が空海の渡唐を、強力に推し進めたのには大きな理由があった。

それは朝廷が還学生として派遣した最澄との絡みにある。

当時、朝廷は一時密教の力で古代ユダヤ人（海人族）の勢力に天皇位まで狙《ねら》われるという苦い経験をしていた。

しかしより強力な仏教、密教への渇望は民衆のみならず次第に貴族の間にまでも広まっており、もはや民衆の密教への渇望はくい止めることはできなかった。

朝廷はその対策として国家仏教の膝元《ひざもと》で育て上げた純粋培養の仏教僧・最澄に密教天台宗を持ちかえらせることを計画していたのである。

すなわち朝廷は密教を国家仏教のものにしてしまえば、古代ユダヤ人（海人族）の巻き返しの勢力を削《そ》ぐことができると考えたのである。その動きを察知して対抗馬に送りこまれたのが空海だったのである。

そのため、空海は最澄の持ちかえる天台密教より権威のある恵果阿闍梨《けいかあじゃり》の純密《*じゅんみつ》の継承者となることが是が非でも必要であった。

空海は日本の古代ユダヤ民族が期待を込めて大陸に送りだしたヒーローだったのである。

＊　当時、密教には大日経《だいにちきょう》と金剛頂経《こんごうちょうきょう》の二派があり、双方の奥義を伝授していたのが、恵果阿闍梨だけであった。そのため、恵果の密教は純密（完全な密教）として最も尊ばれていた。

空海、純密正系の継承者となる

八〇四年五月に難波《なにわ》を出て唐への航海に旅立った遣唐使船はその年の暮れ十二月二十一日、約半年の航海をへて長安の都に着いた。

空海の見た長安は当時世界最大の国際都市であり、その規模に関してはローマですら及ぶものではなかった。

世界各地の商人が長安を訪れ、市場には見るも珍しい異国の品々が並べられていた。市場に出る大道芸人の中には金髪碧眼の美姫《びき》も混じっていたといわれている。なによりも長安においては文化を超えて東西のあらゆる宗教が雑多に存在していた。

回教と呼ばれるイスラム教、拝火教と呼ばれたゾロアスター教、景教（原始キリスト教とユダヤ教の中間的な教え）、マニ教、中国古来の道教、インド人の僧侶のいる仏教、こうした宗教の寺院が軒を並べていたのである。

夕刻になれば人通りの少なくなった大道をインドの僧侶たちが托鉢に歩き、それぞれの寺院からは祈りの歌声が聞こえてくる。そんな雑多な風景を飲み込んで長安の都は悠々とその姿を夕日の中に横たえていたのであろう。

民族や宗教の闘争の中で激しい憤りを抱いていた空海にとって長安は正に理想郷であったに違いない。

八〇五年二月十日、空海は日本からの留学僧の宿泊所とされている西明寺《さいみようじ》に移った。そして六月上旬に目的としていた恵果阿闍梨との出会いを果たすことになる。

空海が帰国してから朝廷に提出した（請来目録《しようらいもくろく》）では、「城中をへて名徳を訪うに、偶然にして青龍寺《しようりゆうじ》東塔院の和尚、法のいなみは恵果阿闍梨に会いたまえる」――長安城中の諸寺を訪ねている時に偶然、恵果阿闍梨と会った――と記される。密教伝授に及ぶ経過においては、この時、恵果阿闍梨は空海を見るなり微笑《ほほえ》んで、「すでに私は貴方が長安に来ることを知っており、今日の日を待ち望んでいた。自分は今寿命をつきようとしているが、法を伝えるにたる人がいなかった。さっそく貴方に伝えたい」と語ったと説明されていた。

天才は天才を知るという、たしかに偉大な宗教家同士の間に働くインスピレーションがあったとしてもおかしくはない。

しかし、それにしても空海の述べる恵果阿闍梨と偶然会ったという突き放した冷静さと、恵果阿闍梨の空海と会った時の熱狂はあまりにもギャップがありすぎて不自然である。

空海の渡唐の目的は、中国に滞在していたインド密教僧・恵果阿闍梨の「密教」に当初から定まっていた。

空海と密教との出会いは空海が朝廷に上表したように入唐直後ではなく、大峯・高野の修行時代に始まっている。

空海は大峯の行場で沙門から雑密《ぞうみつ》（空海以前の密教）を授けられたのみでなく、錬金術思想や、密教を利用した古代ユダヤ民族復権の思想も授けられていたはずである。

国際的な情報力を持っていた古代ユダヤ人（海人族）は密教をいち早く仕入れたのみか、唐に純密の正系を伝える恵果阿闍梨が存在していることも承知していた。

空海が恵果との出会いに目的を絞って渡唐したことは、その唐での記録からも確認することができる。

遣唐使としてやってきた空海の抜群の語学力に当時の唐の役人たちが驚嘆したことの記録が唐に残っている。

この時、空海は唐語の日常会話にほとんど困難を感じていないばかりかサンスクリット語

（インドの宗教用語）の素養がなければ理解しえない中国密教を完全にマスターしている。すなわち空海は入唐以前からサンスクリット語などを学び、恵果からの密教の伝授に完璧《かんぺき》な準備を整えていたのである。

当時の朝廷は中国の密教（天台密教）を持ちかえることを考えていたが、一ランク上のインド密教と直接接触することなど考えも及んでいなかったであろう。

実は、空海は渡唐から恵果に会うまでの四カ月の間にも、恵果から密教を学ぶための入念な最後の準備をしていた。

すなわち空海は北インドから来ていた般若三蔵《はんにゃさんぞう》、牟尼室利三蔵《むにしりさんぞう》＊という二人の僧に会いサンスクリット語およびインド哲学を学び、山岳修行時代に学んだ密教の知識をより完璧なものにして恵果阿闍梨との出会いに備えていたのである。

＊　牟尼室利三蔵は恵果なきあとに空海が教えを受けた人物でもあったが、北インド・カピサの人であったといわれている。特筆すべきは三蔵が中国にあった景教寺院の僧・景浄（アダム）と合同作業で六波羅密教を漢訳し、空海にこれを持ちかえらせようと試みた点にある。当時、密教と景教は近い関係にあり、空海は七つのゾロアスター寺院と景教寺院に囲まれた西明寺において独自のつてを探り、同じユダヤ人のアダムの協力によって、恵果阿闍梨との接見を果たしたと思わ

れる。

空海がこのように、最初から密教を目的とし用意周到に計画しながらも、朝廷に対して無欲を装い、「請来目録」において純密を継承したのはあくまでも偶然の産物、仏の導きと言い訳をしなければならなかったのは、朝廷を刺激しないためであった。

当時の朝廷にすれば、最澄以外の者が密教を持ちかえることは不要であった。ましてそれがユダヤ人の空海であるならなおさらといえるだろう。

空海が、ことさら恵果阿闍梨との出会いを偶然の産物と言い張ったのは、朝廷の警戒心を煽《あお》らないためだったのである。

空海は恵果阿闍梨と出会い、わずか六カ月の間に恵果阿闍梨より密教の全てを継承し、その後恵果阿闍梨がすぐに入滅したため図らずも密教正系の世界でたった一人の継承者になる。

密教伝授が異常なほどの速さでなされた不思議も、インド密教の源流が、オリエント錬金術であったことを知れば納得できるに違いない。

空海は、恵果と出会った時には、その密儀の全てを、錬金術結社において修得していた。それ故に恵果は空海の知識に感服し、何も教えることがないのを知ったのであろう。

恵果が半年の間で空海に大阿闍梨の称号を贈ったのも、それ故であった。

朝廷に睨まれた空海

使命を果たし、恵果阿闍梨の葬儀を終えた空海は、翌年の八〇六年四月には長安をたち、高《たか》階遠成《しなのとおなり》の一行が長安に遣唐使を送ってきた遣唐使船に便乗して八月出帆、十月初旬ごろ九州博多に無事帰着した。

しかし遣唐使の定められた留学期間は二十年、慣例を無視したあまりにも性急な帰国であった。空海には帰国を急がねばならない理由があった。

還学生として唐に一緒に渡った最澄がいち早く天台密教を日本に持ちかえっていたからである。還学生というのはいわば交換教授のような身分であり、学習の目的を達すればすぐに帰国することが許されていたが、留学生はこれとは根本的に違っている。

しかし、最澄が日本に天台密教を持ちかえったとなれば対抗馬であった空海はオチオチしている暇がなかったのである。

この唐突な空海の帰国は、当然朝廷から顰蹙《ひんしゅく》をかった。

それまで全く無名の僧である空海が、しかも古代ユダヤ人（海人族）の僧が密教の正系の継承者として二十年の留学期間を十八年も残したまま帰国したのである。

重ねて、間の悪いことに伯父の大足が侍講《じこう》をして親任を得ていた伊予親王の父桓武《かんむ》天皇が崩御し、時代は平城《へいぜい》天皇に変わっていた。

帰国した空海は、持ちかえった経典四百点あまりの目録を朝廷に届けたが、上京の許しをもらうことができずに九州に三年もの間、足止めをされることになる。

密教正系を持ちかえった功労者に対して甚だしく理不尽な扱いといえた。

以前の空海の性情（大学を中退してしまうような）であれば、ここで既に業を煮やしていたことであろうが、唐より帰国した後の空海はうってかわって落ち着いた性格になり、穏やかに持ちかえった経典の整理などをしながら上京が許される時を待っていた。

こうした空海の人間的な変化は、多分に遣唐使経験からの影響が大きいと思われる。心理学的にいうところの「英雄の誕生」というテーマである。すなわち一人の普通の若者が、課された難関を次々に克服して最後には宝物（それは宇宙の真理であったり、本当の自分自身であったりするらしい）を手に入れ英雄になるという世界中の神話に共通して存在するモチーフを、おおかれ少なかれ我々も日常生活で体験している。

そのことによって、我々は精神的な「死と再生」という錬金術的なイニシエーションを繰り返して成長する。

空海は、隣国とはいえ当時命懸けであった渡航という「室戸の洞窟」以来の二度目のイニシエーションを経て、目的としていた密教正系を手に入れるという使命を果たしている。その後の空海に人間的な余裕と自信が見られるのは、当然のことであろう。

その余裕が功を奏したのか、時代はそれほど時を待たず空海に微笑んだ。

平城天皇が病身のため退位し、その後皇弟である嵯峨《さが》天皇が即位した。

嵯峨天皇は好奇心旺盛《おうせい》な教養人であり、唐から新しい知識を持ちかえった帰国僧である空海に興味を抱き、高度な知識を埋もれさせるよりも、懐柔して吸収しようと考えるタイプであった。

八〇九年七月、九州から空海は京都に呼び寄せられた。

しかし、都に帰っても、空海が与えられたのは辺境の寺高尾山寺神護寺《じんごじ》（現在の京都市右京区梅ケ畑）であった。

しかも神護寺では密教の大導師として迎えられていた最澄が、四年前に奈良の僧らに灌頂を済ませ、密教の伝授を終えていたのである。

いわば空海は用なしといった待遇に等しい。こうしたわけで、神護寺に入って間もなくの空海の立場は、かなり厳しいものであった。

空海は神護寺で地味ながら密教の伝道を始めたが、以前から奈良に君臨する旧仏教界の僧侶たちは空海の教えによい顔をしなかった。

格式を重んじる旧仏教においては、「人は一切の煩悩《ぼんのう》を断ち、厳しい修行によって初めて仏の境地を得る」という考え方が尊ばれていた。

それに反し、空海は煩悩と肉体を肯定し、神仏と父母から頂いた生身そのままが即仏であると唱えた。「人は誰でもそのまま仏になることができ、そこには上下身分などというものは存在しない」

空海の斬新《ざんしん》な教えは古い体制を守る彼らには邪教にしか思えなかった。

こうした空海の教えには二つの注目すべき点がある。一つは人間が生きながら仏になれるという思想である。人間が神と同等の力を持ちえると考えるのは、錬金術の大きな特徴であるからだ。

すなわちキリスト教、ユダヤ教、あるいは当時の仏教においては、神と人間は創造者と被創造物という関係をどうしても逃れることができないとされているのに反して、錬金術では、ある一定の法則にのっとって修行、試行錯誤することにより、人間は神のような力を持つことができると考えられていた。

たとえばその代名詞が「不老不死」の実現である。

もう一つの注目すべき点は元来仏である「人間に上下の差別が存在しない」ことを説いた点である。

そのような思想が定着すれば、日本の身分制度そのものを揺り動かし、社会を転覆させかねない危険性を孕《はら》んでいた。空海は危険な異端僧のレッテルを貼《は》られた。

しかし、その窮地を救ったのは運命の不思議か、空海のライバル最澄の行動であった。

ある日、最澄が弟子を通して密教経典十二部の借覧《しゃくらん》を頼んできたのである。

もちろん、空海はこの申し出を快く引き受けた。

朝廷の認知する密教の大導師である最澄が空海に経典の借覧を申し込むという出来事は、空海に対する評価を一変させた。

そして、これを機に嵯峨天皇が空海に接触してきたのであった。

こうした経過をへて空海の周りには次第に人が集まり始めた。

智泉《ちせん》、杲隣《ごうりん》、実慧《じちえ》など空海の十大弟子といわれる顔ぶれも、神護寺の空海のもとに揃い始めていたのである。

空海の高名天下に轟く

世間的には最澄と嵯峨天皇という二人の強力な支持者を得た空海であったが、空海自身は決してこうした順風によりかかろうとはしなかった。

最澄と嵯峨天皇の接近は、多分に空海を朝廷側に懐柔して利用しようという意図を含んでいたと思われる。

もとより空海は強者の保護によって発展する宗教など目指していなかった。

空海の仏教には明らかにインド仏教と異なる一つの特徴がある。

空海の仏教は縦と横の軸からその教えが成り立っている。

インドでの仏教はこの縦の軸を重要な課題としている。縦の軸とは現世の世界に生きる煩悩多き人間が修行の結果として仏の域に達する過程を表している。

一方空海の説く横の軸とは、人との繋がりをいう。縦の軸が完成していくにつれ、行者は必然的に家庭、友人、社会全体にその利益をもたらすことになるという過程を表しているのである。

空海の密教は、それまでひたすら個人の精進に焦点を当てて、専《もっぱ》ら天皇の無病息災と国家鎮護を祈っていた仏教のあり方そのものを変えて、民衆の相互扶助からなる社会全体に働きかける能動的な宗教を構築しようとしていたのである。

空海の仏教のあり方は、オリエントの錬金術結社が旗印にしていた「友愛*」を実践したものであった。

＊　錬金術結社は、別称「友愛団」とも自らを称し、有名なフリーメーソンのうたい文句も「自由・平等・博愛」という空海密教に共通したものであった。

晩年、空海が各地を巡業して治水工事を行ったり、日本で初めての庶民の学校である綜芸種智院《しゅげいしゅちいん》を創設したのも空海の横の軸の体現である。

そして、それは同時に朝廷からすれば、民衆側の団結と、そこから発生する恐ろしい敵対勢力の出現を意味していた。

空海は権力からの歩み寄りに対して、むしろ自分の密教の教えが骨抜きにされないかを懸念していた。外部に迎合しない固い団結力と秘密性こそ、錬金術結社において、最も必要とされるものであることは、いうまでもない。

そのため、しばらくは教団の内部固めに専念している。この時期、空海が弟子たちにといた戒めは以下の二つであった。

一の戒め「牛乳が水から分かつことができないように、皆志を一つに持って仏法を護《まも》り、雁《かり》が秩序を保つようにして大衆を救え」

二の戒め「どうして人間少しばかりの幸運を頼ることができるか、大きな目標を立てればそこに至るには少しずつ歩くしかないのだ」

このように、空海は弟子たちが権力に迎合することを牽制《けんせい》しつつ、伝道の要となる教団の結束を堅固にすることに全神経を注いだのである。

こうした空海の独立独歩の姿勢に、疑念を抱く人物がいた。

誰あろう嵯峨天皇その人である。

嵯峨天皇が正式に天皇即位したその年の秋、大和《やまと》平野ではイナゴが異常発生し、収穫期の作物を食い荒らし始めた。これに対し官民ともにあらゆる駆除手段がとられたが全く効果が現れない。

このため、緑の田畑はみるみる萎《しお》れていき、生活の不安に怯《おび》える民衆の間では嵯峨天皇の即位が神の祟《たた》りを引き起こしたのではないかという不吉な噂《うわさ》が生まれていた。

そうした空気に便乗して藤原薬子《ふじわらのくすこ》が平城上皇の復権を企て、その兄仲成《なかなり》と共謀して奈良への遷都を行おうとする薬子の乱が起こったのである。

朝廷内部は疑心暗鬼の張り詰めた空気が漂っていた。そのころ、空海はイナゴに苦しむ民衆の窮地を見かねて数人の弟子とともに大和平野に下りていた。

そして空海が害虫駆除の護摩《ごま》を焚《た》き祈禱《きとう》を始めると、あれほど酷《ひど》かったイナゴの大群がどこへともなく消え去ってしまったのである（錬金術師として、薬学の知識に長《た》けていた空海が、強力な殺虫剤を用いたのであろう）。

どこからともなく現れ一夜にして民衆の惨状を救った僧侶の噂は一夜明けると都では誰も知らぬものがないところとなった。

そこには当然すぐれた情報網を持つ海人たちの宣伝工作も介入していたに違いない。

しかし、このようにして急速に僧空海の名が鳴り響いたのに対し、空海は警戒心を抱いた。空海の行為は朝廷を過剰に刺激する結果になっただろうことは容易に想像できる。「空海に謀《む》叛《ほん》の疑いあり」といわれかねない状況である。

空海はさっそく嵯峨天皇に薬子の乱に対して高尾山寺で国家鎮護の修法を行いたいという上表を提出している。

謀叛の嫌疑を晴らしたいための空海苦心の工作であった。

その直後、薬子の乱は鎮圧され平城上皇は出家し、薬子は自害、兄仲成は殺されて落着した。このことによって緊張感は緩和され、嵯峨天皇と空海の間は再び親和的なものになっていったのである。

しかし、これで嵯峨天皇の空海への疑惑が全て晴れたわけではなかった、その翌年には空海は宮中に呼び出され、嵯峨天皇より「人は皆生きながら仏になれると民衆を誑《たぶら》かしているというのは真《まこと》か!?」ときつい詰問を受けるに至る。

伝説によれば空海はこのとき、公衆の面前で大日如来に変身するという奇跡を行って平伏させたといわれている。しかし、奇跡はあくまで後世の伝説にすぎない。

どのようにしてかは謎であるが、この事件をへて嵯峨天皇の空海に対する信任は非常に厚いものとなった。

もともと嵯峨天皇は知的な人物である。ゆっくりと話し合ったことによって、空海の高度な思想やすぐれた文化人としての素養に触れれば、逆に空海を尊敬する念を持ったということも十分に考えられる。

あるいは空海より「不老不死」の妙薬の話を聞き、歴代の天皇たちがそうであったように、これを渇望したのかもしれない。

こうして嵯峨天皇の信任をかち得た空海は、八一二年、高尾山寺神護寺で正式に恵果阿闍梨から譲り受けた密教灌頂を開くことが許された。

これは空海の密教が朝廷によって公認されたことを示している。偉大な法僧空海の名は高まり、都の貴族からの帰依も次第に多くなりつつあった。

第六章

高野山はユダヤ錬金術の殿堂だった

空海、錬金術の殿堂を造る決意をする

八一六年、都での僧としての地位も固まってきた四十三歳の年、空海はかねてから心に秘めていた構想を現実のものにすべく、嵯峨《さが》天皇に紀伊国伊都郡高野峯《きいのくにいとぐんこうやのみね》に、修行者のための一寺を建立することを願い出た。

これが日本最大の宗教都市にして、権力の介入を許さない霊地「高野山金剛峯寺《こうやさんこんごうぶじ》」の歴史の始まりである。

当時の空海は、朝廷から公認され、僧としても脂の乗り切った活動期であった。

一般の僧侶なら中央に進出し、貴族の檀家をふやすことに精力を傾ける時である。それに比べ、当時では、一般の民衆がとても参拝に行けるような場所でもない都と隔絶された辺境の地に、修行のための寺を建てたいという空海の突然の願い出は異常であった。

嵯峨天皇は意味不明のまま、これを許可したに違いない。

高野山は標高八〇〇メートルという険しい山上にあったため、その工事は困難を極め、結局は空海の時代には完成しなかったといわれている。

確認される限り空海の時代には、山の総門となる大門と金堂、そしてわずかな僧院が造られ

ていたに過ぎず、実際の完成を見たのは二代目の真然《しんぜん》の時であった。

しかし、私は完成されなかったというよりも、空海の時代、仏教寺院としての体裁は最小限で十分とされていたのではないかと考えている。

現在、百二十三院にも上る高野山の山内寺院は、その多くが後の建立であるといえるが、それでも標高八〇〇メートルの山上に伽藍を築くという空海の構想した高野の姿は、当時としては破格のものであったといわざるえない。

高野山金剛峯寺は大阪市内から車で二時間三十分。そう書けば安易な距離のようであるが、南海高野線橋本駅から登って九度山《くどやま》、高野山への道のりは車で行っても急な坂とカーブの連続である。昔ならば京都からこの山道が、いかに人を拒絶した困難な参道であったかが窺《うかが》われる。

私が高野を取材のために訪ねたのは四月六日のことであった。この日はあいにく雨で、翌日には高野山の中腹から大門の辺りまで、濃い霧がかかっていた。

不思議なことに大門から高野の奥の院までは、全く霧が晴れており、空海が高野山の発見の段において、目の前の鬱蒼《うっそう》とした霧が晴れた時に、高野の地を見たというくだりさながらの情景であった。

この高野山の建立に関しては、前述したように同じユダヤ人の錬金術師である勤操《ごんぞう》の支援が大きなものであった。空海は勤操の口利きで丹生津姫《にうつひめ》の領地を与えられ、高野の西北麓《ろく》、九度山から少し上がったところにある（丹生一族が守ってきた）天野社に祭られていた女神アシュトラ（丹生津姫）を高野山の守護神として勧請してきた。

高野山と丹生一族の綿々と続く深い関係は、九九四年に高野の山上伽藍の大半が出火によって消失した時、一山の高野僧侶が天野社に避難し、曼陀羅院《まんだらいん》を建立したことからも察せられる。歴代の高野座主の多くは、天野社の座主も兼ねていた。

このことから見ても、高野は空海と丹生一族というユダヤ錬金術師集団の中心的地位にあった一族を中心に構成された、錬金術の殿堂だったことは明らかである。

一般の僧が求める民衆の参拝や、貴族の檀家などは、高野山には不必要だった。

高野の経済は、錬金術師たちが掘り出す地下に眠る豊富な鉱物で支えることができる。檀家や寄進の心配よりも、空海は古代ユダヤ民族の錬金術師のリーダー的存在として、世俗の権力の干渉を受けず、秘密主義に徹せられる場所に、錬金術の奥義を伝える殿堂を造ることを重要視したのである。

女神アシュトラの聖地だった高野山

空海は高野を創建するに当たって、まず中心となる金堂の位置を決め、次に金堂から真西に

高野山　大門

大門を定めた。大門の位置は当時は現在の大門よりも五〇〇メートル下の九折谷にある慈尊院《じそんいん》のところであったといわれている。空海はここから金堂までを百八十町に区切り、一町ごとに卒塔婆を立てた。

さてこの高野山の表参道の総門である大門だが、現在では上の写真のとおり楼閣状の建造物であり、門前には金剛力士像が立っている。

しかし、これは後世に建造された門である。

高野の伝承に残るところによれば、空海の時代には立派な鳥居が立てられていたのであった。私は他書の中で、大阪《おおさか》和宗総本山《わしゅうそうほんざん》四天王寺《してんのうじ》にある西向きの鳥居が、ミトラ神（火明命《ほあかりのみこと》）の鎮座場である淡路島《あわじしま》を向く古代の太陽信仰の名残であることを、四天王寺に伝わる数々の伝承とともに指摘しているが、高野山の大門であった西向きの鳥居も、まさしく同じものだったといえるであろう。

晴れた日には、ここから現在でも淡路島、遠くは阿波国《あわのくに》までが一望できるようになっている。高野の古代ユダヤ人（海人族）たちは、ここからいつも聖地を望んで日の入りを拝んでいたのである。

旧大門から、現在の大門まで行くと、右手に弁天岳を見ることができる。

この弁天岳には現在、岳弁財天の祠《ほこら》が立っているが、これが水銀の女神アシュトラであることはいうまでもない。

つまり、古来は旧大門をくぐり抜けると、女神アシュトラの聖地に入ることになったのである。

高野山への入口は、鳥居と女神アシュトラによって迎えられるという極めて仏教寺院としては異色のものだった。

もともと高野山は、熊野《くまの》の金剛界と対をなす胎蔵界であると伝承されており、高野の地は金を育成する女神アシュトラの胎内と考えられていたのだろう。

現在の岳弁財天社から奥の院までは四キロメートル。

その道並びに現在では百二十三の山内寺院が立ち並び、その内の五十あまりが宿坊《しゅくぼう》として参拝者を迎え入れる施設となっている。

その規模は、一大宗教都市といえる。これらの施設のほとんど全ては、鎌倉時代に整った。高野の最も尊い聖地とされる奥の院の玄関一の橋から、空海が入定していると信じられている御廟《びょう》といわれる所までは二キロメートル。

不思議なことに、高野山の歴代の座主の最も重要な使命は御廟を守ることとされており、民衆の救済でもなければ、仏法の伝道でもなかった。

そして奥の院こそは高野山仏教の本質を知る上で大きな手掛かりを与えてくれる場所なのである。

奥の院は女神アシュトラの胎内である

奥の院の全貌《ぜんぼう》を明らかにするには、まず奥の院を構成する要素を繙《ひもと》いていかなければならない。奥の院は三つの橋と河に区切られ、三重構造になっている。古代の観念で川や海というものは、霊界（黄泉《よみ》の国）に繋《つな》がるスペースと信じられていた。「三途《さんず》の川」などもそうした信仰を伝えた一端であり、昔の墓地などは、墓地前に川を配してあるものをよく見かける。

つまり一の橋から奥の院への道のりは、黄泉の国への道のりを表しているといえるのである。

このテーマは前述したように錬金術のイニシエーションに見られる「黄泉の国への旅立ちと、

蘇生《そせい》」が高野に息づいていることを示唆している。

奥の院への入口となる一の橋の下に流れる川は、旧玉川と呼ばれていた。

現在の玉川は、大師御廟の御廟橋の下の川ということになっているが、古文献の資料では一の橋の下にある川が玉川となっている。

この玉川には「大渡龍穴」があると信じられている。伝えの真偽はともかくとして洞穴のようなものは古来、女陰と黄泉の国を意味していたわけであるから、まさしく一の橋は黄泉の国への入口ということであったのだろう。龍は女神アシュトラの化身であることから考えても、「龍穴」はアシュトラの陰門を意味しているのである。

玉川となれば、空海の読んだ有名な玉川に関する歌も忘れてはならない。

――忘れても　汲《く》みやしつらん旅人の　高野の奥の玉川の水

旅人が、よもや忘れても汲みはしないであろう高野山の玉川の水。という意味の歌であるが、なぜ、忘れても汲んではならないのかが問題であった。

玉川には、毒虫がいる。あるいは玉川の水は毒の水であるといわれ続けていた。

この玉川の水源は現在の合体不動辺りにあった旧女人堂近くの井戸であったらしいが、その

一之橋。この下を流れるのが玉川

井戸にも古来より、毒虫がいるという信仰があった。

しかしながら毒のある水を汲むためにわざわざ井戸を掘る必要はないわけであり、ありがたい聖地である奥の院の入口を毒水の流れる川から始める必要は殊更ない。

ではなぜ、玉川の水には毒があるなどという伝承が伝わったのかということであるが、むしろ神聖さの現れが、この毒虫がいるという伝承であったのではないかと思われる。

つまり神聖で触れてはならないもの。あるいは触れさせたくないもの。秘密を守っておきたいものであるからこそ、毒という言葉を使って不可侵のものにしておくという細工である。

古代にはこうしたタブーのかけかたが頻繁に行われていた。

玉川の水が、なぜそれほど大切なものであるかといえば、砂金が採れたからである（高野山側では砂金が採れたと思われる伝承が存在している）。

鉱物学的に見ても、高野山は弁天岳という水銀の産出地であるが、水銀の出るところには総じて金も産出される。高野で昔、金が採れたとしても一向に不思議ではない。

アメリカのゴールドラッシュの映画を見たことのある人ならピンとくるだろうが、西部の開拓者がしきりに川のそばでザルをふるい、その中に残る砂金を探している様子が出てくる。あのように玉川で川を流れてくる砂金を採っていたのではないだろうか？

金の流れてくる川は、金を育成する女神アシュトラの生殖器であるところの聖なる川であったに違いない。

「毒がある」とまでいって、一般の人を近づけなかった理由がそれである。

これに加え、海部《あまべ》家に伝わる日継《ひつぎ》の儀式が金を水に混ぜて飲むという方法だったことを思い出してほしい。

それは復活の儀式だったわけであるが、奥の院という黄泉の国への旅立ちに「復活の水の川」を渡って至るというのが本来の形だったのである。

高野の古代ユダヤ人（海人族）たちは周到なトリックを用いて次の中の橋の架かる川を「金の河」と呼び、万病が癒《いや》される川であるという伝承まで流した。

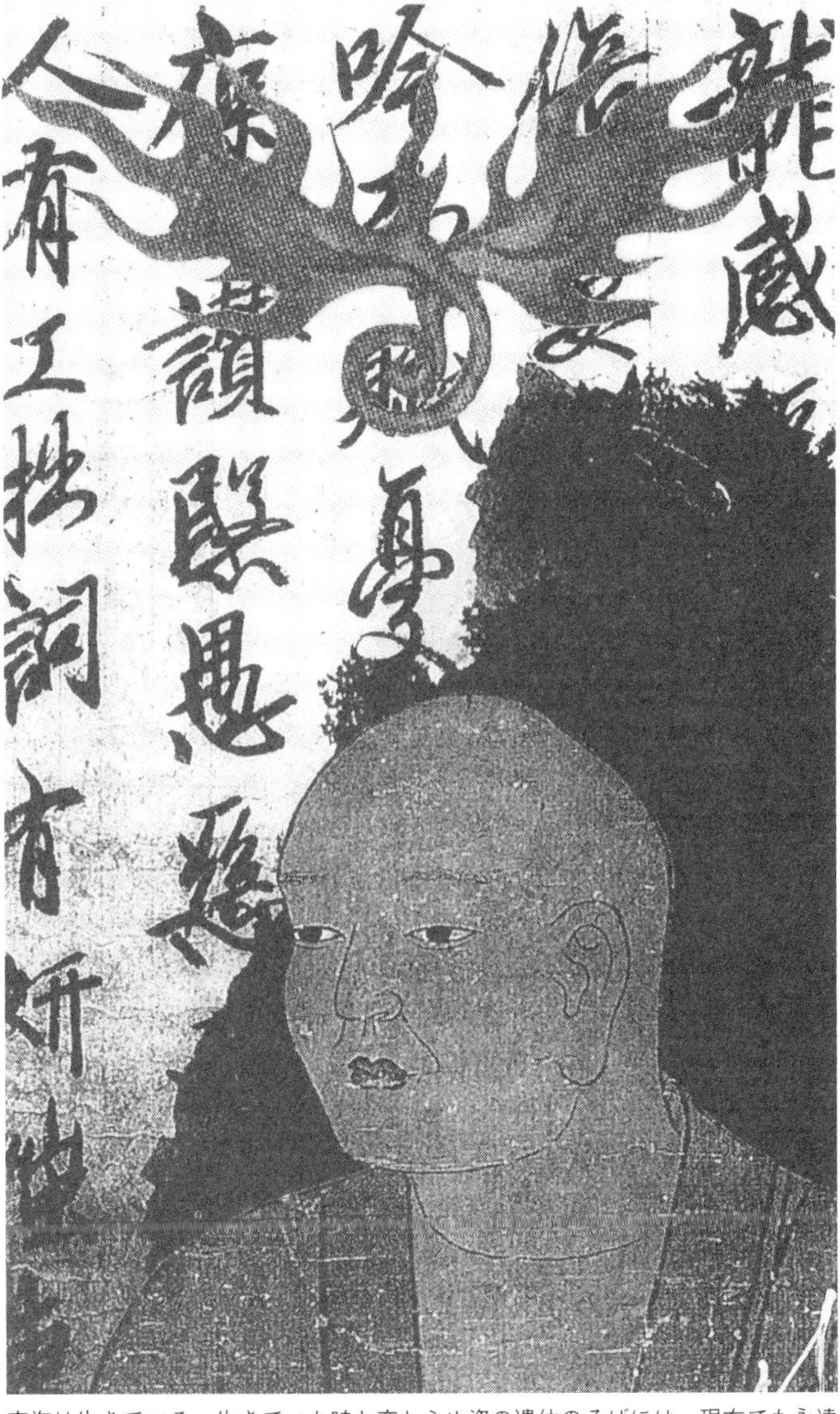

空海は生きている。生きていた時と変わらぬ姿の遺体のそばには、現在でも永遠のランプの灯明が灯しつづけられている

しかし、実は「金の河」はこの玉川のことだったのである。

蛇柳に見る錬金術結社の掟

奥の院の一の橋と中の橋の間には、蛇柳と呼ばれる柳の木がある。

ここには大師が毒蛇退治した話が伝えられているが、玉川の毒水と同じく、この柳がもとは女神アシュトラの依代《よりしろ》となる神木であったと思ってよいだろう。

奥の院を解明していくにつれ、高野の仏教寺院らしからぬ側面が如実になっていくが、高野においては朝廷の治外法権であった聖地にふさわしく、独自の処刑法が蛇柳の場所で行われていた。「石子詰め」という刑である。どういう刑であるかといえば、蛇柳の下に首だけを出して生き埋めにし、無理やりの入定行をさせる処刑法であった。

高野山の「入目日記」によると文禄《ぶんろく》五年（一五九六年）、灯明《とうみょう》の火からの出火が原因で火災が起こった。この時の当番である智明院は所有の財宝をことごとく没収され、「石子詰め」の刑にあったことが分かっている。

大陸のユダヤの錬金術結社も団結力を強固なものにするために厳しい処罰法を用いたことが知られているが、特に「火の親方」を自負する彼らは、「火の過失」に対して、極刑を以《もっ》て臨んでいた。

火の当番でありながら出火を招いた智明院に、「石子詰め」の刑が下されたのは当然のことである。

さてここで、なぜその処刑場が蛇柳の下でなくてはならないかであるが、先にも記したように蛇柳を女神アシュトラの依代《よりしろ》と読めば、復活の力を持つアシュトラのもとで入定行をさせてやるという錬金術的な慈悲の現れなのである。

後に論ずる空海の入定行が自粛、自害の行為だったという見解は、こうした処刑法が高野においても行われていた事実が、裏付けてくれるものと考えている。

奥の院　一の橋がイニシエーションの斎場である

一の橋、中の橋と過ぎ、左右を墓地に囲まれた杉林の中を行くと、大師の眠る御廟前に至る最後の橋である御廟橋に差しかかる。

御廟橋の脇には現在水向け地蔵が立っているが（P189写真上参照）、「高野山秘話」で見る限り、創建当時の高野山ではその場所に御厨明神《みくろみょうじん》社があった。この御厨明神が、土佐の室戸の洞窟にいたミトラ神なのである。

現在は玉川の位置を三番目の川に移動させてしまっているため、このような配置になっているが、現在の奥の院の玉川付近の施設の配置は、すべて旧玉川の所にあったものと考えられる。つまり、古来は砂金の流れる女神の生殖器であった旧玉川を渡った所に、ミトラが祭られ、その奥に御廟と弥勒石があったのである。

水銀を含む赤土・金の流れる聖なる川・ミトラの祠《ほこら》・バールとアシュトラの婚姻を意味する「賢者の石」、これだけの要素が揃《そろ》えば、高野の聖地と呼ばれる「奥の院」の一の橋で行われていたのが錬金術とそのイニシエーションであったことは疑う余地がない。

入定はユダヤ錬金術特有の埋葬であった

御廟橋を渡って、目の前にあるのが灯籠《とうろう》堂である（次ページ下参照）。ここでは大師の供養が行われているが、ここで驚かされるのは堂内に無数の灯籠が天井といわず棚といわず吊《つ》るされ、あるいは置かれていることである。

一種、圧巻の雰囲気を漂わせている。

そして何よりも注目されることは、この火が厳重な番を組んでけっして消えないようにされているということである。

水向け地蔵

灯籠堂（模写）。大師のために絶えることなくともされ続ける万灯

灯籠の火は大師の生命のシンボルであり、廟内で生きつづけていると信じられている大師のために絶やしてはいけないものといわれているからであった*。

こうした「消さずの火」の習慣は伊勢、出雲などにも見受けられ、その源流はユダヤ錬金術思想にある。ユダヤ教においてもモーセの弟アロンの時代から、司祭は神の祭壇にけっして「消えない火」を灯《とも》しつづけなければならないと規定されている。

赤々と燃える火は太陽神と錬金術のシンボルであった。

灯籠堂には「日輪大師」と呼ばれる大師像が掛けられている。

この大師像は観賢《かんけん》が後年、御廟に眠る大師のミイラを見た時の姿と伝えられているが、像は髪、髭《ひげ》を長く伸ばした大師が丹生津姫と狩場明神《かりばみょうじん》を両脇に置き、日輪を手に持った姿に描かれている。

伝えられるところによると、空海は生きていた時さながらの姿をして座っていたという。

＊　高野山の隆盛は空海の入定信仰によって支えられていたといっても過言ではない。入定信仰とは、弘法大師・空海はミイラになったのではなく、実は生きたまま高野の奥の院で弥勒下生《げしょう》を待ちつづけているという信仰である。

空海は生きている。この伝説の始まりは空海が死んで八十六年目の延喜二十一年、金剛峯寺と東寺長者を兼ねる観賢が、長らく申し出ていたところの空海に「大師号」を頂く許しが出たことを報告するために、空海の廟を開けて奥深く入っていった時の伝承に由来している。

観賢が中に入って見ると、内部は霧に包まれたように白い靄《もや》が立ち込め、空海の姿は見えなかった。

「お姿が見えないのは、わが身の不徳と恥じる他はありません」と涙ながらに懺悔《さんげ》すると、たちまち霧が晴れて、瞑想《めいそう》している空海の姿がハッキリと見えた。

髪は長く伸びて膝にかかり、法衣の裾《すそ》は長旅をしてきたように汚れている。観賢は涙に咽《むせ》びながら髪を剃《そ》り、新しい法衣と着替えさせた。一緒にいた弟子には、まだまだ修行が足りないからか空海の様子が見えないようであったため、弟子の手を取って膝《ひざ》に触れさせてやった。

すると弟子は、「おおっ。お膝はまだ温かく柔らかであられまする」と感激の面持ちで答えた。

空海は枯れ果てたミイラになったのではなく、ちゃんと温かな血の通う体のまま生きて御廟におられる。

観賢の報告は人々に大きな反響を呼んだのであった。

「生きていた時、そのままの姿の遺体」と、「灯しつづけられる明かり」、それはユダヤ錬金術結社の上級者が死んだ時の特徴的な埋葬方法であった。

カバラ学者と錬金術師が作った結社として有名な薔薇《ばら》十字軍の創始者ローゼンクロイツの埋葬方法を紹介しよう。

ローゼンクロイツの遺体は、七角形の地下の秘密の部屋に「錬金術の奥義」とともに埋葬され、その遺体は永遠に生きていた時の姿をとどめるように処置が施され、その側には灯火の消えることのない「永遠のランプ」が置かれたとされた。

空海も、その遺体のある場所が今もって断定されていない。秘密の部屋へ「生きていた時と変わらぬ姿の遺体」となって、埋葬されたのである。そして、廟と信じられている場所では現在でも「永遠のランプ」灯明が灯しつづけられている。

空海の遺体はローゼンクロイツ同様、「不老不死」の奥義とともに埋葬されているに違いないのである。

高野山　錬金術結社の実態――性化されたイニシエーションの実践

高野山で、どのような行やイニシエーションが実際に行われたかという点について、空海が持ちかえったといわれる密教双伝「大日経《だいにちきょう》・金剛頂 経《こんごうちょうきょう》」とユダヤ錬金術の両者を検討することによって、実態を明らかにしていきたいと思う。

密教の歴史を見ると、まだインド・アーリア民族とペルシャ・アーリア民族が別れていない時代、当時まだ辺境の後進民族であった彼らの特権階級が、先進国であったオリエント・バビロンから仕入れた神話哲学、呪術《じゅじゅつ》、医学、薬学、金属製造などに関する知識を秘密のうちに伝えたものを、後に仏教経典の形式に整えたものであるといわれている（密教占星学・宿曜《しゅくよう》経《きょう》の経典には、この経典がバビロンからもたらされたものであることが明記されている）。

古代ギリシャやオリエントでは、バールとアシュトラの密儀が次のように伝えられていた。

密儀の主要な登場人物は、秘儀を主宰する男の祭司と巫女の二人である。男の祭司は、「バール」の役を演じ、女の巫女は「アシュトラ」の役を演じている。密儀のクライマックスになると祭司は巫女をさらって、地下の穴蔵に連れていってしまう。すると、広間の明かりがパッと消える。神聖な婚姻が穴蔵の中で行われ、祭司と巫女は性交を行うのである。やがて再び明かりがつくと、祭司が穴蔵から出てきて、麦の穂（穀物神でもある太陽神を象徴的に表現した物）を観客に示し、「女神は聖なる男の子を生みました」と宣言する。

これはもちろんバールとアシュトラの婚姻と、ミトラの誕生を意味する劇である。

観客はこの劇を見る間、大地の恵みを称賛するために、生肉を食らい酒をあおって乱痴気騒ぎを行う（天の岩戸の神話なども、こうした密儀の様子から描かれたものであろう）。

やがて穴蔵での性交は、徐々に象徴的なものとなってゆき、現在のフリーメーソンのような形式へと転化した。しかし、一方では古来より伝わる聖なる婚姻のイニシエーションによって、体内に金を生み出そう（不老不死の肉体を作ろう）と考えた流派も、今日の性魔術結社として存続しているのである。バールとアシュトラが根本的に性神であり、彼らの聖なる婚姻が太陽神や金を生み出すという錬金術的教義とイニシエーションはインド密教で右タントラ派*と呼ばれる流派に受け継がれた。右タントラでは煩悩を肯定し、究極的な肉欲の実践によって解脱《げだつ》に達しようと試みたのである。逆に左タントラは徹底的な禁欲主義から解脱に達しようと試みる流派である。

＊　右タントラは中国に流れ金剛頂経となり、左タントラは大日経となった。後年、空海が最澄からの借覧を断り、二人の決裂を決定的にした「理趣経」は、大胆な性的イニシエーションを含んだ右タントラ派の経典だった。
最澄の持ちかえった天台密教は厳格な左タントラの宗派であった。

空海が、自分の擁護壁となる最澄《さいちょう》の借覧を断ったことからも、空海密教の中の「理趣経」の重要性が推察される。元来、師となった恵果阿闍梨《けいかあじゃり》自身、厳格な左タントラと性を重視する右タントラを結合させて、新境地を開こうとしていた一人であった。

錬金術のタントラ的解釈

錬金術において、女神アシュトラの物質・水銀は二匹の蛇が巻きついた棒でシンボライズされる。

インド右タントラでは、人体の尾骨のところに眠っている二匹のトグロを巻いた蛇を、性的エネルギーによって、眠りから覚ますことができれば、両者は脊髄《せきずい》に沿ってある霊的な器官を螺旋《らせん》を描きながら上昇していき、解脱を促すとされた。

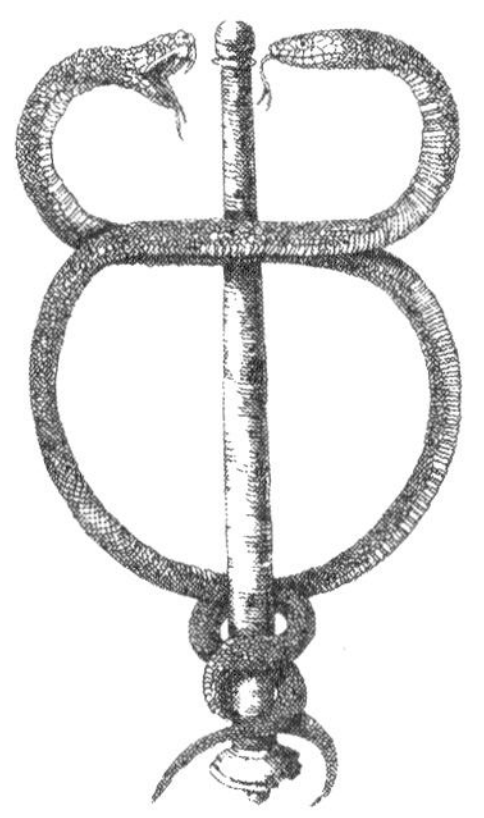

水銀のシンボル
アシュトラの陰門
両者における男性原理のシンボル
女神シャクティ（性力）の陰門
錬金術と右タントラの結合のシンボル

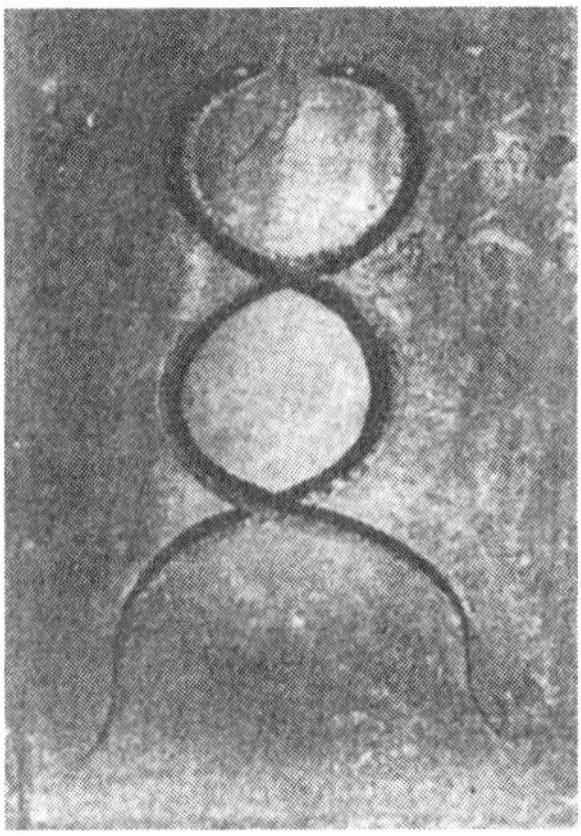

クンダリーニ

これが体内に眠る水銀の力を、一連の性的イニシエーションによって覚醒《かくせい》させ、超越的自我に至ろうとする錬金術教義の仏教的解釈であることはいうまでもない。

空海は師の志を受け継ぎ、両者の結合による完全な密教を創造しようとしていたに違いない。右タントラの教義では、全宇宙の創造を活気づける性力は、女神シャクティとして人格化され、この女神を中心に礼拝が行われる。

右タントラの行者は、性交をする相手の女性を女神シャクティの化身として、従来仏教では禁じられている酒、肉などを貪《むさぼ》り、大麻を吸ってヨーガ行法の一つである「性交の儀式」を行うのである。右タントラでは曼陀羅《まんだら》の上で阿闍梨と妻が交合し、漏れた精液を信者に飲ませたとされる。高野山において、このような右タントラの行法が実践されていた可能性は大いにある。

後世の真言宗（空海密教）の中から、右タントラを実践した立川流《たちかわりゅう》が輩出されているからである。

立川流を創設したのは、南北朝時代に東寺の長者（僧の長）となった文観《もんかん》であった。

彼は、空海の伝承と伝えて曼陀羅の絵図の上で妻と交合し、自らの漏らした精液を練りかためて玉を作り、信者に分け与えた。

彼が行ったのは、正統な右タントラの行であったが、空海の伝承というのは真っ赤な嘘《うそ》であるとして、文観なきあと立川流は邪教のレッテルを貼られて徳川幕府に駆逐されてしまった。

しかし、空海が右タントラを邪教視して、実践しなかったと考えるほうが、後世の偏見とい

タントラの性的イニシエーションを紹介したインドの図版

うものであろう。

錬金術的信仰において赤土の土地が、女神アシュトラに仕える巫女たちの居住区であったことを思い出してほしい。オリエントの歴史の中では、アシュトラの巫女たちは、エロチックな神殿娼婦《しょうふ》であったといわれている。彼女らは性儀礼の相手を務める女たちであった。* 高野の弁天岳も、もともとそうした巫女達の居住区であったと考えてしかるべきである。右タントラを実践する土台は十分に存在する。

後に空海が、都での東寺を金剛界《こんごうかい》に、高野山を胎蔵界《たいぞうかい》にたとえたのは、むしろ高野山では積極的に右タントラが推進されていたことの証《あかし》とることができる。

四国の修行時代には女犯《にょぼん》をきつく自分に戒めていた空海が、唐からの帰国の後には元伊勢神宮の姫巫女《ひめみこ》・厳子《いずこ》と実質的な夫婦となっていたことを考えれば、高野はけっして性を否定していなかったはずだ。

高野における右タントラ行は肯定されてしかるべきなのである。

＊　オリエントのアシュトラの神殿では、特別な祭りの日になると貴族の婦女子を中心に、美しい女たちが巫女としての役割を、その日一日果たさなければならなかった。
彼女らは神殿を訪れる男たちに指名されるのを待ち、自分を指名した男をバールの化身とし、

自らがアシュトラの役割を演じて、性儀式を共有するのである。この性行為は神聖なものであり、太陽神に復活の力を与える豊穣《ほうじょう》の祭りであった。

高野山　錬金術結社の実態――水銀薬

次に、空海がイニシエーションに用いた水銀薬がどのようなものであったかを考証してみよう。水銀薬の成分は水銀、硫黄、塩、ある種の幻覚剤を混合したと考えられる。幻覚剤の成分として有力な候補となるのは、大麻、ハッシッシと朝鮮朝顔だ。中世ヨーロッパの錬金術師たちはナス科の植物である朝鮮朝顔・ベラドンナ・マンドラゴラ・ヒヨスなどを幻覚剤に用いたことが知られている。

これらは有毒アルカロイドのアトロピン、ヒオスシアミン、スコポラミンを含有していて、幻覚、幻聴、高揚感などをもたらす。

大麻はゾロアスター教、景教、イスラム教、密教の儀礼を通じて使用されていたことが分かっている。当然、空海がこれを知らないはずがない。

大麻とハッシッシは同じようなものである。両者は麻の葉と樹液との違いがあり、後者のほうが作用は強い。ハッシッシは吸引あるいは、服用しても効果が得られる。摂取すると軽い瞑想《めいそう》をしたような精神状態になり、音や色や皮膚感覚が鋭敏になったように感じ、幸福感がある。

朝鮮朝顔に関しては、日本の寺院で種が香がわりに使われていたりする例があるので薬効はよく知られていたはずである。

非常にサイキックな幻覚作用があることが特徴だ。たとえば言葉で何かの暗示を受けると、本当にそのような幻覚を見たり、自分と他人、あるいは人物との間にテレパシーのようなものが働いているように感じるのである。空海の室戸《むろと》洞窟《どうくつ》の神秘体験などは、むしろ朝鮮朝顔の薬効である可能性のほうが高いといえるだろう。葉っぱ半枚程度を食するだけで十分な効力を発揮するので、小さな丸薬に混ぜるには適している。

こうした幻覚作用を生む水銀薬を用いて、高野でのイニシエーションを行っていたのである。

預言と神託の高野山

高野山の古絵図を見ると、奥の院拝殿の屋根に、二羽の鳥が描かれてある。

『高野山秘史』によると、「高野山奥の院には一対の烏《からす》がいて、眼は金色、足の爪は青く、天烏という。ただの烏ではない」と伝えられている。

伊勢神宮から空海に贈られたものだとも、熊野から飛んできたともいわれる高野山の天烏は預言をする神の遣いであった。

この烏は、空海が八三五年の三月に入定することを、直弟子の真然に伝えたといわれている。天烏の預言は、これだけではなく頻繁に行われていたはずであるが、明確な記録は残っていない。ただ、寛永《かんえい》元年（一六二四年）に高野山・来迎院の住職良昌が、この世は悪くなってきているが、どうかこの烏は、弥勒下生のその日まで、鳴きつづけ、人の迷いを覚ましてほしい、として次のような歌を詠んでいるのが、天烏の預言が高野において重視されていたことを物語っている。

陰ふかき、ねぐらに帰れ　山からす　声をしるべの　あさなゆうなに

烏は、ユダヤやオリエントで太陽神の遣《つか》いとされていた。

人の魂を黄泉の国へ運んだり、あるいは神の霊を運んできたり、天帝の意志を伝言するのが太陽神の遣いとしての烏の役割であった。

もともと葛城《かつらぎ》山系の古代ユダヤ人たちは、預言と神託の担い手であった。高野においても当

然、「終末の日、救世主が到来する」までの預言と神託が行われていたのだろう。

錬金術師のリーダー・都の大僧正　空海の表と裏の顔

高野山金剛峯寺の建立中、都の東寺での空海は、庶民の通う学校を設立し、困窮する農民のために灌漑《かんがい》工事を引き受け、大僧正の位を賜って、貴族の帰依も厚い仏教僧の顔をしていた。

しかし、高野における空海は、幻覚性の水銀薬を使用し、性化されたイニシエーションと預言に彩られた錬金術教義を展開させていたのである。

これが空海の表と裏の顔……錬金術師結社のリーダーとしての活動内容であった。

このように錬金術の殿堂としての高野の信仰について述べると、一つの考え方として、こうした仏教的でない信仰の名残は空海亡きあとの高野の山岳修行者たちにおいて形成されたものかもしれないという反論に合うかと思われる。

しかし、そうした反論に私はあえてノーといいたい。

なぜなら、記録で見るかぎり空海が高野において、都の東寺で行っていたような仏教的儀式をしたという形跡は一切ないのである。こういうと意外に思われる人も多いだろうが、事実である。

空海が行った高野での儀式の記録が、後にも先にもたった一つだけある。

空海が入定する前年に執り行った万灯会《まんどうえ》だ。

万灯会は、現在では仏教儀式として定着しているため、我々には何の違和感もないが、こうした儀式は本来の仏教には存在していない。

万灯会の儀式を考えた時、これが大規模な（錬金術的な）火によるイニシエーションであったことはハッキリとしている。

この万灯会に先駆けて、空海は京都の大文字焼きを行っている。

その記録を見ると、興味深いことに、始められた当時の大文字焼きは、現在のように山に大の字を描いたのではなく、人形《ひとがた》を表すある図形が描かれていたとされている。人形を表す図形とは五芒星《ごぼうせい》のことであった。

後に、この五芒星の五隅を結んで大の字にすることとなったのである。

五芒星は、フリーメーソンや薔薇十字軍にも頻繁に使用される錬金術師のシンボルであった。

ユダヤの錬金術師が、預言をたれるテラピム（守護神）として家庭に所有していた偶像の足元に錬金術を表す七芒星と五芒星が表されている。

五芒星――護身・人間・水銀の女神
六芒星――結合・神・硫黄の男神

七芒星——復活・メシア・金の男神

空海の行った高野山での万灯会でも、高野の山全体に錬金術師の女神アシュトラのシンボルである五芒星の形の炎が赤々と輝いていたのではないだろうか……。

大師廟には「不老不死」の秘密が隠されている？

灯籠堂の後ろには高野山の最も神聖かつ不可侵の場所として、空海が中で生きていると考えられている大師廟がある。

しかし大師廟と噂《うわさ》されているのは、これだけではなく、大師七廟と称して、大師廟の他に奥の院にある姑射山《こうやさん》、弥勒石《みろくいし》、摩尼山《まにさん》、転軸山の四カ所。南の谷にある御影堂、遍照堂、の二カ所がいずれも大師の廟であると伝えられている。

空海が高野で生涯を閉じたことは間違いないにもかかわらず、その廟が不確定であるというのは実に不思議なことである。

このことについて私は高野山の奥の院にある清浄心院の住職平尾氏に意見を伺ったところ、後の盗掘を恐れて、廟の位置を明らかにしなかったのではないかということであった。

また、紀州《きしゅう》には両墓制というものがあり、実際に死体を埋めた場所と墓とを別につくる習慣があるということであった。

こうした目くらましの方法は山窩《さんか》がよくやるところの技である。大切なものを死守したい場合に、それと思われる場所をいくつも作って、その場所を隠したのである。

先に記したように、空海の遺体がローゼンクロイツのように「不老不死の奥義」とともに葬られたとすれば、この念の入った廟隠しも当然のことであろう。

平尾氏によれば、本当の大師廟は隠れて祭られているはずだということであった。

それが平尾氏の推測によるものか、あるいは高野においては公然の秘密になっていることなのかは分からないが、そうであれば高野山には今もって、千二百年の昔から秘められた「古代ユダヤ錬金術　不老不死の奥義」が眠っているということになる。

第七章　真名井御前と空海

いろは歌に見る暗号

有名な「いろは歌」は空海の作ったものだと伝えられている。

この歌を暗号として、過去何人もの研究家が暗号解読の説を出されている。私も私なりの空海の「いろは歌」の暗号解読をしてみたいと思う。

いろは歌を七文字ずつ並べると暗号になる。これは何人かの研究者も指摘しておられたことだと記憶している。

イろはにほへト　チりぬるをわカ　ヨたれそつねナ　ラむういのおク　ヤまけふこえテ

アさきゆめみシ　エひもせス

この七文字に並べた歌の、上の文字、下の文字は次のように並ぶことになる。

イチヨラヤアエ　トカナクテシス

素直に、「一、寄らや会え。咎《とが》なくて死す」と読むことができる。つまりこれは誰かにあてたメッセージで、「一人で寄って会いに来い、私は咎なくて死のうとしている」という意味である。また、よく和歌の暗号読みで使われる五・七・五・七・七のそれぞれの部分の上の文字と下の文字とを読むというやりかたで、この歌の暗号を読んでみると次のようになる。

イトチカヨ　ナラクヤ　テアシエス
となる。つまり「いと近よ、奈落や、手足壊す」（どうやら奈落も随分近くになってきた。手足も駄目になってきている）。
これは空海が入定間際に誰かにあてて、会いに来いと詠んだ歌なのではないだろうか？では、空海は、死を直前にして誰に向けて一人で会いに来いという悲痛なメッセージを送ったのであろう。実は、空海には死を直前にどうしても一目まみえたい女性がいた。それが、元伊勢神宮祝部職《はふりべしょく》・海部《あまべ》家の姫巫女、厳子《いずこ》であった。

空海には秘められた恋物語があった。先に紹介した海部《あまべ》の娘厳子《いずこ》との恋物語である。厳子は元伊勢《もといせ》の潮満玉を継承する巫女《みこ》であり、空海は厳子に託された潮満玉の力で数々の難工事を成功させたと伝えられているのである。空海は実質的な古代ユダヤ人（海部の王）だったのであった。
しかし厳子は淳和《じゅんな》天皇の第四妃として入内《じゅだい》させられてしまう。朝廷と空海の間に大きな亀裂《きれつ》が生まれていく。

古代ユダヤ民族の王となった空海

高尾山寺神護寺《じんごじ》で密教灌頂《かんじょう》を開いた数年後、空海にとっては最も意味のある大きな出来事が待っていた。丹後《たんご》の元伊勢の祝部職《はふりべしょく》を務める三十一代海部直雄富《あまべのあたいたけとよ》の娘厳子《いずこ》との出会いであった。

この厳子こそ海部の女系家族が代々受け継ぐことになっている神器「モーセの十戒石・潮満玉」の継承者だったのである。

つまり『古事記』の語るところの玉依姫《たまよりひめ》となる。くしくも、玉依姫の名を持つ母から生まれた空海は、本当の玉依姫と出会ったのであった。

密教によって古代ユダヤ民族の復権を狙《ねら》う錬金術結社のヒーローと、古代ユダヤの神宝を継承する巫女が出会った。

厳子は記録によれば八〇二年に生を享《う》けたことになっている。空海の生誕が七七四年であるから二人は二十八歳も年が違っていた。厳子は十歳にして行儀作法と教養を学ぶために都の頂法寺六角堂に入った。空海がここをしばしば訪ねたこともあり、二人の出会いはこの時に始まって空海は厳子の手習いの師となるのである。そのころの空海はすでに書の名人、密教の高僧として有名になっており、同じ古代ユダヤ人（海人《あま》族）の親密感もともなって厳子の両親が空海に頼んだのかもしれない。

あるいは海部の姫神である厳子を敬愛する気持ちで、空海が自ら進んで役を引き受けたとも考えられる。

厳子という女性は、どうやら古代ユダヤ民族の中では信仰の対象に近い扱いを受けていたようだ。伝えられるところによると容姿、性格どれをとっても素晴らしく、尼になって後は女人禁制の大峯山《おおみねさん》に登山を許され、神罰を受けずに無事下山してきた厳子を大峯の行者が神女として扱ったという言い伝えも残されている。

最初は手習いの師弟であった二人は厳子が大人になってくるにつれ次第に恋愛感情を互いに抱くようになっていった。

元伊勢神宮の海部家では、「厳子は、空海に潮満玉を託した」と伝えられている。

空海の超人的な治水灌漑《かんがい》工事の数々はその玉の効力であったというのだが、霊験あらたかな潮満玉の霊力で空海が治水灌漑の難工事を果たしたというよりも、潮満玉という古代ユダヤ民族のレガリア（王権のしるし）を得たことによって、丹後《たんご》、畿内《きない》、四国、東国に住まう古代ユダヤ民族の協力を思うままに取り付けることができるようになったことが、空海をして超人的な工事の数々を成し遂げさせた要因だろう。

古来より、巫女が神器を男に託するということは、その男と夫婦になったというのと同じことを意味した。

空海が僧侶であるため二人の仲は公には秘密であっただろうが、空海は実質的な海部の入り婿となり古代ユダヤ民族の王となったのである。

「古代ユダヤ民族の王、空海」これが仏教僧・空海に隠された「古代ユダヤ錬金術集団のリーダー」に次ぐ第三の顔であった。

二人がいつごろどのような経過で夫婦同然の仲となったかは知るよしもないが、八二二年厳子が二十歳の時、当時は皇太子であった淳和天皇に見初められ第四妃として入内した時にはすでに空海と厳子は夫婦であったと思われる（厳子と空海の仲を知った朝廷が、空海の力をこれ以上増大させないために、厳子を入内させたとも十分考えられる）。

空海という夫がいるにしても公には秘密の関係である。まして皇太子の輿入《こしい》れの話を無下に断ることはできない。時をへて厳子は歴代の「かぐや姫」と同じ運命を辿《たど》ろうとしていた。何人もの貴公子からの求婚や、帝の求婚話に月を見上げて泣く「かぐや姫」にもおそらく契《ちぎ》りを交わした愛《いと》しい男がいたのかもしれない。

空海にしても厳子は老齢にして初めて得た心の安らぎである。しかも潮満玉を継承する厳子は空海にすれば妻とはいえ、皇女にも等しい存在の女性であった。

厳子は空海にとってはまさに掌中《しょうちゅう》の玉のように大切な女であったに違いない。青年時代の夢を打ち砕いた朝廷は老年になってからの空海のたった一つの安らぎまでをも奪い去ったのである。厳子入内に至った空海の心中にいかばかりの思いが渦巻いていたかは知るよしもない。

しかしこの年を境に空海は何かに取りつかれたかのように宗教家としての精力的な活動を開始するのである。空海四十八歳の時であった。

その一つ満濃池《まんのういけ》の治水工事のことを見てみよう。

空海が灌漑治水の工事を全国を漫遊して手掛けたという伝説は有名であるが、どの伝説においてもその根拠となると乏しく、後世の作り話である類の物が多い。しかし満濃池の治水工事は空海の業績であることが歴史的な記録にハッキリと残されている。

八二一年、空海四十七歳、厳子十九歳の年である。空海の故郷である讃岐《さぬき》の国司が空海に二年前の豪雨で決壊したきり修築ができずにいる満濃池の工事を頼んできた。満濃池は周囲二〇キロ、四六平方キロメートルの田畑を潤す人工の池である。その規模の巨大さゆえに一度決壊すると修築は困難を極め、二年間も放置されたままでいたのである。空海は四国に数人の弟子を連れておとずれると満濃池の中の島に壇を築き人々を励ましながら工事を指揮し、わずか一カ月で修築してしまったという。当然そこには古代ユダヤの王を手助けする錬金術師団がどこからともなく加わっていたからこそ成しえた業であろう。大正時代に満濃池を近代ダムに改築しようと調査にあたった土木技師が「現代にも通用する合理的な設計だ！」と驚嘆したほどの技術を彼らは持っていたのである。

東寺建立に見せた古代ユダヤ民族の王の意地

厳子が入内した翌年に嵯峨《さが》天皇は空海に東寺を勅賜した。

東寺を賜ったとはいわれているが、実際は押しつけられたといったほうが正しかった。

東寺という寺は国家と朝廷が力を入れて建設しようとしていたにもかかわらず、なかなか完成させることができなかったのである。しかしながら寺を未完成のまま放置してしまうというようなことをすればこれは国家の威信にかかわる問題となってしまう。そこで嵯峨天皇は当時は既に高野山金剛峯寺《こうやさんこんごうぶじ》の建立を手掛け、伽藍《がらん》建築や土木工事というものに非常に優れていた空海に白羽の矢を立てて体よく押しつけたのであった。

空海の立場からすれば、難題を押しつけられたといった感が強かったが、意外にも空海は感激してありがたくそれを賜ることにする。

その理由の一つは、当時空海は都の中心に活動の場を持っていなかったため、東寺をその布教の道場にしようと考えたからであった。

二つ目の理由は、当然のことながら男として、古代ユダヤの王としての意地である。妻を寝取られ、プライドを踏みにじられた空海は、その当の相手が手を焼いている難問をやすやすと引き受けて自分の実力を朝廷に見せつけたのである。

ここで空海は、古代ユダヤ民族の王としての権限をあらんかぎり発揮して東寺の建立を指揮した。すなわち東寺に使う木材を京都稲荷山《いなりやま》から持ってきたのである。稲荷山は元伊勢の豊受《とようけ》之大神《のおおかみ》（女神アシュトラ）を祭る神域で、古代ユダヤ民族錬金術師の根城であった。

空海は稲荷山の錬金術師に指令を飛ばし、朝廷が手を焼いていた東寺の建立をわずか半年という驚愕《きょうがく》すべき短期間で、やってのけ、東寺の守護神として稲荷神（女神アシュトラ）を勧請して、自らの力を朝廷に誇示したのである。

空海が稲荷山の木材で東寺を建立したことについて後日興味深い逸話が残されている。菅原道真《すがわらのみちざね》が編集した『類聚国史《るいじゅうこくし》』によると、空海が東寺建立のために稲荷山の木を切ったために嵯峨天皇の後の淳和天皇が病気になり、天皇が慌てて稲荷神に五位の位を授けたところ病気が治ったというのである。

淳和天皇は空海から厳子を奪った本人であるから、病気のさいに空海や稲荷の祟《たた》りが原因ではないかと怯《おび》えたのであろう。それほどまでに東寺建立にかける空海の気迫には鬼気迫るものがあったのである。

そのため、古代ユダヤ民族の神・稲荷は正五位を授けられ朝廷に保護される身分にまで位上げされたのである。

さらに、空海は東寺の完成にあたって例外的な寺院運営を行った。

東寺に入った空海は東寺の名を「教王護国寺《きょうおうごこくじ》」と改め、通常の有力寺院が各宗派の僧が共学するという当時の慣習を無視して真言僧ばかり五十人で寺を固めてしまったのである。

朝廷側は空海の底力を見せつけられていたことと、東寺を押しつけて完成させた手前、これに対して反論することができなかった。

こうして東寺は、まんまと空海に私物化されたのであった。

厳子逃亡

「教王護国寺」に入って以来、六年前より手掛けていた高野山金剛峯寺が建設途中だったこともあり、空海は都と高野を往来して、五十歳目前とは思えぬほど精力的な布教活動を開始した。

それはまるで厳子への思いを、過酷な激務で忘れてしまおうとするかのようである。

一方厳子も入内はしたものの日ごと、年ごとにつのる空海への思いを抱えていたようである。二十六歳の二月十六日、宮女二人を連れて厳子は宮中を逃亡したのであった。ここに至る厳子の心情を思い描くと次のような場面が想像される……。

――帝が厳子のところへ着物や宝玉の珍しい品々を持って訪ねてきた後、厳子はいつものように空海のいる高野山の方角に向いた窓を開け、月が美しく輝いているのを見つめてため息をついていた。

若い帝は厳子を熱愛しており、足しげく寝所に通い暇さえあれば贈り物に余念がないのはよいが、それは宮中の女たちを刺激して厳子に激しく嫉妬《しっと》させ、厳子にはまるで針の筵《むしろ》にいるような境遇を与えただけであった。

「そのように私にばかりよくしていただいては他の皆様に悪うございます」という厳子の遠慮がちの断りも若い帝には通じず、その様子が厳子には憎らしくすら感じられた。空海の父のような、いたわるような愛情に比べて若い天皇のそれは多分に身勝手に感じられるのであった。何十回、何百回抱かれても帝を愛《いと》しいと思うどころか空海に会いたい思いがつのるばかりである。

「真名井《まない》御前様＊、また空海様のことを考えておいでですか？」実家から付き添ってきた侍女が心配そうに尋ねた。

＊　入内後、厳子は真名井御前と称されていた。

「どうしてあの方のことを考えずにはおられましょう。たとえこの身は帝のもとにあっても厳子とあの方は契りを交わした夫婦。夫の身を気づかわぬ妻がいるでしょうか……」

沈み込んでいることの多くなった厳子を元気づかせようと侍女は今朝買い物に出掛けた時に漏れ聞いた空海の様子を語った。

「そうそう真名井御前さま、今朝鴨川の渡しをしております海人のものに空海さまの様子を聞いたところ、今は都の寺のほうにおられるということです」

「あの方はどのような様子でおられるといっていましたか？」

「渡しのものがいうには、毎日お忙しくしておられるようですが、このごろは少しばかり疲れておられるようで顔色がよろしくないと少し心配しておったようでございます」

それを聞いて厳子の胸はますます痛んだ。空海の年齢は五十四歳、当時としては十分の老齢で、すでにいつ死んでもおかしくないという歳である。

（このまま、生きて再びお会いできないのではないか……）

そう思うといても立ってもいられない厳子であった。

厳子の逃亡は、空海の導くところであっただろうと思われる。

なぜならこの時、厳子につきそって宮中を逃亡した宮女の一人（後に厳子とともに尼となった、神呪寺の二代目住職）如円は、空海の姪《めい》だったのである。

宮中から出た厳子は、現在の兵庫県西宮市・甲山《かぶとやま》の麓《ふもと》にある広田《ひろた》神社に避難した。

「かぐや姫」の物語での「かぐや姫」を育てた竹取りの翁《おきな》は、丹後《たんご》地方にいた山窩《さんか》火明隼人《ほやけはやと》のことである（火明隼人とは、海部氏と同じく火明命《ほあかりのみこと》を祖神とする古代ユダヤ民族であり、竹細工をおもな生業とする山窩）。

現在でも竹野《たけの》神社の周りは鬱蒼《うつそう》とした竹藪《たけやぶ》になっている。火明隼人たちはこの辺りで竹の採集をしていた。いく代かの「かぐや姫」の中には、火明隼人によって、こっそりと朝廷の手が届かない山へ逃がされた者もいたのであろう。彼らは、朝廷に「かぐや姫」はもともと月からきたこの世の人ではなく、月に帰っていく運命であったといって言い訳をしたのである。

火明隼人が「かぐや姫」を山へ逃がして匿《かくま》ったように、空海は、厳子を逃がして甲山に匿った。

甲山はバールを祭るピラミッドであった

近鉄電車の西宮駅を降り、バスで山道を二十分ほど登ると、なだらかな碗《わん》を伏せたような形の山が見えてくる。それが甲山である。

甲山という名称は神功皇后《じんぐう》が朝鮮から凱旋《がいせん》してきた時にこの地に着き、戦勝祝いに金の甲を埋めたところからついたといわれる名称だ。

しかしこの山への信仰はこれが始まりではなく、それより遥《はる》か古来から神山《こうのやま》と呼ばれる神域であった。

現在の兵庫県は昔の但馬《たじま》、丹後、丹波《たんば》の三丹といわれる古代ユダヤ民族主流の国であった。

厳子は朝廷の支配の届きにくい地元に避難したのであった。

厳子が一泊したと伝えられる甲山の麓にある広田神社は、そのころ、海に面していた。つまり海人の国の水際に建てられた神社であったということである。現在この神社は海人族と関係の深い熊野《くまの》、白山《はくさん》、蔵王《ざおう》、住吉《すみよし》、広田、諏訪《すわ》の三明神が鎮座しているが、おそらくそれ以前は海人の水の女神アシュトラが祭られていたと思われる。そして山の頂に祭られていたのがバール神であった。厳子はアシュトラの社に一泊して甲山に入っていった。

ところで甲山はその形状の特異な様から人工の山ではないかとする研究者がいるということである。いわゆるピラミッドだ。

私も多少そういった感じを受けた。頂《いただき》からの眺めは無数の巨石群が甲山を礼拝するように連なっている。前記した出雲大社や唐松神社の例を考えれば、甲山のような大がかりなピラミッドが存在していたとしても不思議ではない。あるいは、自然のピラミッドに見えるから神聖な山とされたのかもしれない。

地元の人の話では、甲山の頂からは銅の短剣などが出土したこともあるという。

オリエント（スーサ）出土のナラム・シン戦勝碑（部分・ルーブル美術館蔵）

神功皇后の話にもあるように、古くからこの山の頂では神への供物として貴重な品々を埋めるような習わしがあったのだ。

二二一ページの写真はオリエントから発掘されたレリーフである。王が凱旋の奉納のために、山のようなジグラットの上にのぼり、バールの神殿に戦利品を奉納して礼拝をしようとしているところである。

古代、甲山で行われたのは、このような奉納儀礼だったと思われる。

厳子は甲山でバールとアシュトラの神殿を守った

甲山に入って厳子は神託を得て、そこに寺を建てることにした。

これには付近の官吏富民が財を傾けたので三十三日にして完成したといわれている。

朝廷の強引なやり方をかねてから快く思っていなかった古代ユダヤ民族たちは、海部の姫神が朝廷を逃げだしてきたことに対して援助を惜しまなかったのであろう。

厳子の建てたこの寺が、現在、甲山の中腹にある神呪寺のもとになった寺であった。

神呪寺では弁財天を祭っていたといわれている。

天川神社と同じく水の女神アシュトラを祭っていたのである。

私はこんな話を小耳にした。私の友人で西宮の出身者がいる。神呪寺に関する何か情報を聞いたことがないかと尋ねたところ、「神呪寺？　ああ、あの奇妙な仏像があったっていう寺ですね」という答えが返ってきた。不思議に思いその仏像のことを詳しく聞いたところ、友人の祖父が子供のころ神呪寺の近くに住んでいたという。

そのころ神呪寺には角の生えた牛の頭をした気味の悪い仏像があり、よく近所の子供たちが面白《おもしろ》がってお化け屋敷などといっていたが、あまりによくない噂《うわさ》をたてられるので当時の住職が困り果て、いつの間にか仏像は公開されなくなったというものであった。

角の生えた牛の頭を持つ仏像……バールやミトラの像が神呪寺にあったということだ。

それを確かめるため、神呪寺から頂いた資料に目を通してみた。

すると、次のような記述が認められた。

妃が空海に尋ねた。

「甲山の西の峯に大鷲《おおわし》がすんでおり、時々飛び回って炎を吐いておりました。これを取り鎮めたところ、今度は八面六臂の鬼が出て道場を破ろうとしました。これを伏すにはどうしたらいいでしょう」

「それは鹿角神《そらんしん》＊という凶暴な神で法に障りをなすので、東谷の大石の上で神を供養すれば障りがない」

と空海が答えた。

そこで妃はこれを祭られたので再び出なかった。

妃が再び空海に尋ねた。

「仏法を守護するにはどうしたらいいでしょう」

空海が答えた。

「それは弁財天を祭ることである」

すなわち、神呪寺で最初に厳子によって祭られたのは凶暴な神とはいわれているが鹿角神という鹿の角を持った鬼の神と弁財天であったということである。

＊ 鹿角神に関する考証「牛が鹿の皮を被る!?」――古代ユダヤの伝承では、実の弟を殺した罪で永遠の流離人《さすらい》となったカインは、カインを見て人々が傷つけないように刻印として額に鹿の角を神によって生やされたと伝えられている。
鹿は牛とともに聖獣とされ、鹿の角が抜け変わるさまは、太陽神の「死と再生」を思い起こさ

せるところから、バールの象徴でもあった。

牛の角が聖者につけられる印であるのに反して、鹿の角は神の免罪符を持った罪人の印だったのだろう。鹿の角は傷つけてはいけない罪人。罪を受けて流離の罰を受けている者につけられたようである。

日本にも、同じような風習があったのではないかと考えて探すと、次のような記述が風土記に見受けられた。

――淡路国風土記《あわじのくにのふどき》にいう。応神《おうじん》天皇二十年秋八月に、天皇が淡路島に遊猟した時、海の上に大きな鹿が浮かんで来た。これがすなわち人であった。

天皇は従臣を召してお尋ねになると、答えていうには、「私は日向国《ひゅうがのくに》の諸県の君牛です。角のある鹿の皮を着ております。年をとっているのでお仕えすることはできませんが、なおも天子さまの御恩を忘れることがありません。それで私の娘の髪長姫を貢物としてお預けするのです」それで御舟を漕《こ》がせたもうた。――

諸県とは現在の九州南東部のことであるが、海人族が四国の次に移り住んだといわれるのが九州であるところから、鹿の皮を被っている人物は間違いなく海人族であろう。名前を牛と名乗るのも興味深い。

この人物はわざわざ応神天皇に会いに来たわけではなく、淡路の海人たちと交流していたのである。しかし応神天皇に遭遇し、反抗の意思がないことを示すため、鹿の皮を被って登場した。わざわざ「私は鹿の皮を被っています」と断りをいれるのは、「私は罪人としてもう罪に服しています。攻撃しないでください」といっているのである。

鹿の皮を被って鹿に変身した姿は、彼が免罪符を持った罪人であることと、もはや人の世界の住人であることを捨て、森に住む動物たちと同じ精霊の世界の住人になったことを意味している。彼は人としての権利を持たないかわり、人の世界の法律からも治外法権の場所にいるのである。そして娘を差し出して服従の意を表す。

カインもこのように鹿の皮を被って各地を流浪したに違いない。

こうした習慣は西洋のお伽《とぎ》話にも発見される。

よくある魔法に掛けられてカエルや怪物になった王子の話である。この場合王子は美しい乙女に愛されることによって人間にと戻るが、西洋では、身分の高いものが罪を犯した場合、獣の姿をして放浪し、再びその罪が許されるには聖なる乙女との婚姻といったことが条件とされたのであろう。

山窩（山岳の海人族）が獣の皮を着て行動するのも防寒だけではなく同様の意味があった。鹿角神とは落とされた神バール神を示す隠語なのである。

神呪寺現八十代住職　光玄氏は「鬼の仏像の話なんか聞いたことはありません」と否定されたが、空海の生まれ故郷讃岐にも牛の角を持ったバール神信仰が牛鬼伝承として伝わり、「牛鬼の像」や「牛鬼の角」が香川県（讃岐）高松市にある根香寺《ねごろじ》に伝わっている。そのような例もあるからには、バールの像が存在していた可能性は高い。

潮満玉は神呪寺にある？

私はご住職からある告白を聞いた。昔、寺の厨子《ずし》の中に収められている潮満玉らしきものを見たことがあるというのである。ご住職は寺に伝わる真名井御前の伝承に大変興味を覚え、伝承を裏付けるようなものはないかと探していたらしい。

すると伝え聞く潮満玉ではないかと思う物が厨子の中にあった。それは最初、仏像の中から発見されたということである。

支度《しど》の海女に宝玉を譲られた藤原不比等《ふじわらのふひと》が、その玉を興隆寺《こうりゅうじ》の釈迦如来《しゃかにょらい》の額に埋めたとされることからも、潮満玉や潮干玉は仏像の額に埋めたり、手に持たせたりして拝まれたに違いない。そうすれば祭ることもでき、仏像の一部ということで仏教徒からは手出しのできない恰好《かっこう》の隠し場所として考案されたのであろう。

住職のお話では、玉といっても想像していたような丸い物ではなく、ちょうど盛った形をしており、透明の水晶のような玉であったという答えが返ってきたのである。

どうやら丹後伊根町の浦島子伝説の残る浦神社に伝わっていた御神体と同じものだと思われる。しかし、住職は公開する気は全くないという。

「それが本当に潮満玉かどうかは分かりません。またそれが本当にそうなのかどうかは信仰というものにとって重要なことではないと思うのです。大切なのはそこに込められた人々の思いなのですから、私はそれを公開したいとも、鑑定してもらいたいとも思っていないのです」ということであった。

信仰という眼を通してみればそういうものかもしれない。古代ユダヤの三種の神器にしても神官以外の誰も見ることができなかったのであるから、たとえ潮満玉が公開されたとしてもそれが古代ユダヤの三種の神器であるかどうかを判定できる人間も存在しないのである。

厳子を巡り空海は朝廷と敵対した！

甲山に逃げてしまった厳子であったが、淳和天皇と朝廷の厳子への思いはそれで諦めてしまうほど弱いものではなかった。

「妃よ帰ってきておくれ！」という天皇の文を持った使者が足しげく甲山と都の間を往来したのであった。しかしいつまでたっても色好い返事を聞けない淳和天皇は業を煮やし、逃げてしまった厳子をいまだ思いつづける天皇に嫉妬した宮中の女たちの甘言《かんげん》に乗せられ、厳子の住まう庵を焼き討ちする命令を使者に下した。

住まう所がなくなれば自分のもとに帰ってこざるをえなくなるとも考えたのでろう。

命令を下された使者もさすがに気が引けたと思え、厳子の庵《いおり》と偽って山下の小屋を焼いてことをおさめた。

しかし、この行為は厳子や古代ユダヤ民族の気持ちをかえって逆撫《さかな》でし、頑《かたく》なにさせただけであった。この年の暮れ、十一月厳子は空海を呼び寄せ相談をし、翌年の八二九年受明《じゅみょう》灌頂《かんじょう》を受け、さらに八三〇年には阿闍梨《あじゃり》灌頂《かんじょう》を受けた。つまり厳子は空海によって完全に仏門の徒となり、天皇とはいえ容易に手出しができない状況になったのである。

空海にすれば、もはや男として古代ユダヤ民族として朝廷と袂《たもと》を分かつことになる覚悟をしての行為であろう。

そのことは厳子恋しさのあまり体裁すらかまわない淳和天皇にとっては酷くショックな出来事であったに違いない。

「おのれ〜空海！　朕の心を知りながら、何ゆえ真名井を尼にしたか！」

都の貴族にも信望の厚い古代ユダヤ民族の王・空海を己の色恋沙汰《ざた》で公に詰問することはできなかったが、宮中には淳和天皇の激高の声が響いていたに違いなかった。

これに応じて、翌年八三一年六月、空海は健康障害を理由に大僧正の位を辞退したい旨を朝廷に上表した。

空海を慕う宮中の貴族たちの反対にあって受け入れられなかったが、このころより空海は病気を理由に朝廷からの呼び出しにも応えないことが度々あり、ついには八三二年、厳子の身の世話を姪の如円に託して高野山に籠《こ》もりきりの生活に入ってしまう。

そして三年間の瞑想《めいそう》生活の後に、厳しい断食生活を決行して、生きながらミイラと化す行（入定行）*を行うのである。

入定に至る一連の空海と朝廷との確執の経緯を追えば、その行為が、朝廷に歯向かうことになってしまった空海の自粛、自刑であったと見たほうがスッキリするであろう。

空海の先祖ともいえる三輪にいた古代ユダヤ民族の王族は、自ら流罪について阿波に渡ることによって民族の存続繁栄を模索したが、空海の場合は、真っ向から朝廷を敵に回して、ようやく基盤を固めたユダヤ民族の信仰の拠《よ》り所である高野山を逆境にさらす結果になることを恐れ、自ら高野山に軟禁状態になり、三年間の長い瞑想と断食生活についた後、自害に等しい入定行をする決意をしたのである。

空海は最後のイニシエーションとして、バールの犠牲神話の実践を行ったのだといえる。野心に燃えた青年時代から、錬金術結社への入団をへて、晩年は望んでいた地位と宇宙の真理を体得した空海であったが、最後に究極のイニシエーションともいえる自己犠牲によるバールの慈悲の実践の原動力になったのは、厳子という一人の女性への愛であった。

その決意後、高野山での瞑想生活時代に、ひたすら空海なきあとの空海密教の基盤を揺るぎなきものにするための処理を行った。

すなわち宮中に真言院を設け、金剛峯寺を定額寺（国から金銭的援助を受けることのできる寺）にし、甲斐《かい》、下総《しもうさ》の両国から二百戸分を東寺の僧の生活にあてる許しを朝廷から取り付ける。

朝廷はこのような空海の願いを、空海の死の前年から直前にかけて矢継ぎ早に許可した。これは朝廷の「空海の死」への恐れが生んだ行為であった。

先に記したように、淳和天皇は病のさいに空海や稲荷の祟りというようなものを大変意識していた。その空海が、この時には高野山に引きこもった時点から五穀断ちを決行しているのである。やがてそれが十穀断ちとなり、そのままミイラと化す行を行うということも上表されていただろうから、空海を追い詰めた朝廷にしてみれば、震え上がるほど恐ろしいことだったに違いない。

後世においてすら太宰府で憤死させた菅原道真の祟りを恐れた朝廷である。この時代においてはなおさら死に面した空海の頼みを断れば、この先にどのような祟りが引き起こされるか危《き》惧《ぐ》がなかったはずはない。

こうした視点で見ると空海の入定という行為は朝廷に高野を恐れさせ、手出しさせないためには大変有効な手段であったといえるだろう。

「空海の祟り」を恐れた朝廷は、高野山を不可侵とした。その後、高野山金剛峯寺は藤原氏などが帰依したこともあり、日本最大規模の聖地として発展していく。

それはまるで、キリストを十字架にかけたローマが、後に国教をキリスト教にするほどキリスト教化していく歴史に似ていた。

＊　空海は、長い五穀断ちと十穀断ち（穀物類を全て食さず、脂肪のない体を作ることを目的としたものと思われる）を行い、防腐剤の役目を果たす水銀薬を摂取しつづけ、最後は断食して生きたままミイラと化す行を実践した。承和《じょうわ》二年（八三五年）三月二十一日。空海は入定する直前、弟子たちを集めて次のようにいったと伝えられている。

「私は今から兜率天《とそってん》に上り、弥勒菩薩《みろくぼさつ》（ミトラ神）の御前にはべるつもりだ。そこからそなたたちのあり方をよく観察しておく。さらに五十六億七千万年ののち、自分は必ず下生《げしょう》し、我が跡を

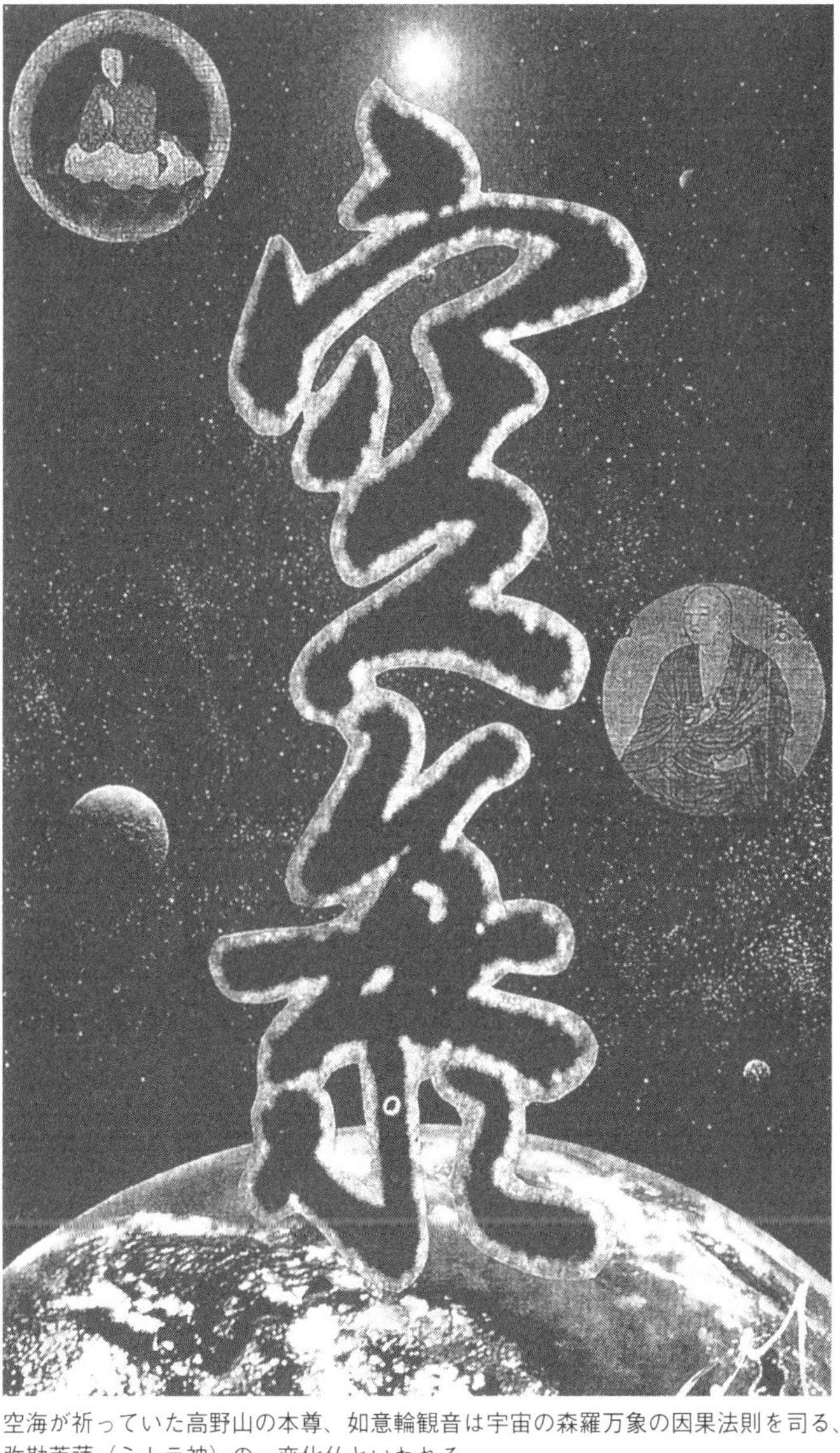

空海が祈っていた高野山の本尊、如意輪観音は宇宙の森羅万象の因果法則を司る、弥勒菩薩（ミトラ神）の一変化仏といわれる

訪れる」

キリストさながら空海は自分の身を犠牲に捧げるというバールのイニシエーションを行い、次の太陽神とともに生まれ変わると預言したのである。

如意輪観音

神呪寺には空海が五十七歳の時、桜の木に厳子をモデルにして刻んだといわれる如意輪観音《にょいりんかんのん》の坐像が安置されている。

その像は美しさゆえに河内観心寺《かわちかんしんじ》、大和《やまと》の室生寺《むろうじ》の観音とともに、日本三如意輪とも称されている。像の高さは九八・九センチ、確かに実際の女性を写したのだろうと思われる艶《つや》やかさと柔らかで気品のある線を持ち、空海が厳子という女性をどれほど深く愛し、尊敬していたかが如意輪観音の美しさの中に滲《にじ》み出ているようである。

如意輪観音とは宇宙の森羅万象の因果法則を司る観音であり、弥勒菩薩*（ミトラ神）の一変化仏であった。

＊　弥勒菩薩は悉多《しった》太子、如意輪観音、などともいわれている。

その観音に祈ると、悪しき因縁を解除することができるといわれている。

この観音を彫るに至った空海五十七歳の年は厳子に阿闍梨灌頂を授けた年であり、すでに朝廷と袂《たもと》を分かち、死にいく未来を見据えていた時であった。

空海は三十三日間、不眠不休で桜の木を彫り続け、厳子もその傍らで不眠不休で真言を唱え続けたといわれている。

如意輪観音という題材を選んだ二人の心は何だったのであろう？　今世では報われない二人の愛の因縁を思い、来世では幸せな夫婦となることを願う一心であったのか……。空海の振るうノミの先から徐々に姿を表す観音にかける二人の願も一方ならぬものであっただろう。この観音に写し取った厳子の姿を自分の形見として空海は厳子に手渡したのである。

この時、厳子は空海に真尼《まに》の秘法を授けたと伝えられている。「真尼の秘法」とは何だったのか？

それは海部《あまべ》家に伝わる「死と復活」に関する秘術だったのではないだろうか？

そうであれば、空海と厳子は最後の逢瀬《おうせ》に、タントラの性交を行ったとも考えられる。

二人は死して再び再生し、夫婦となる未来について語りあっていたのかもしれない。

その後、空海が自粛生活にはいった三年間、厳子と空海は甲山と高野山に離れて、互いに如意輪観音*に祈りつづけていた。

＊　高野山の本来の御本尊は如意輪観音であり、空海は現在の御影堂で、本尊に祈っていたことが知られている。「消さずの火」の習慣も、御影堂から始まったものであった。

そして空海が入定する八三五年三月二十一日の前日、厳子は空海のいる高野に向けて合掌し、如意輪観音の真言を唱えながら息を引き取ったと伝えられている。死の原因は伝えられていない。

しかし、「いろは歌」が厳子に最後の面会を求める歌であったと仮定すれば、厳子は空海の臨終を知っていたことになる。

厳子の空海入定の前日の死は、偶然ではありえない。

空海の死が間近いことを聞いた厳子は、ともに生まれ変わることを望んで「不老不死の水銀薬」を大量に飲むことによって自害したのである。

運命に翻弄《ほんろう》され、ともに生きることのできなかった二人は、ともに死ぬことによって愛をまっとうしたのであった。

潮満玉の所在はこの時を境に歴史の底にかき消えた。

空海という超人宗教家の生涯には、それを支えた海部の姫神厳子と潮満玉、さらには海人族錬金術師集団という日本と古代ユダヤにまたがる大きな謎が存在していたのである。

あとがき――空海密教と錬金術は現在も日本に生きている

長い年月をへて、錬金術の殿堂として空海に創設された高野山は、現在ではすっかり本質を失い、仏教寺院に変化した。

空海の残した錬金術の遺産は、時の流れとともにすっかり形骸化してしまったように見える。しかし、実はそうではないのである。

ここで、先に記した空海の密教ラインと四国の鉱脈の図（P152・153参照）をもう一度見てもらいたい。この空海密教が開発した鉱脈が、実は近代日本の経済をになう数々の大企業の母体となっているのである。たとえば、次のような企業が生まれ、いずれも後のコンツェルンの母体となっているのだ。

久宗銅山・次郎銅山――石原産業

高越銅山・山縄銅山・伊予銅山・東山銅山・愛媛銅山・新居銅山――日本鉱業

市川銅山・基安銅山・別子銅山――住友鉱業

亀ケ森鉱山・竜王銅山――三菱鉱業

赤石銅山――明治鉱業

今日、日本において財閥と称される巨大企業は、鉱山部門の採掘と精錬業をもとに発生したところが大きかった。

つまり、海人族の錬金術師と深い関わりを持っていたのである。

江戸時代までの企業の統制は、閉鎖的特権組織の性格を持った昔ながらのギルドによって実施され、そのメンバーは限定された世襲的なものであった。

特に、江戸末期になると大名をも凌《しの》いで、日本経済を動かす富豪商人となった札差し、蔵元といった金融業者たちは、海人族錬金術師の出身者である。

もともと、金融業の発生は、その昔、熊野神人や日吉神人たち（海人族の代表的な神人）が金利を取って百姓達に金を貸し付けたところから始まり、流通、金融といったものを、人の力を超えた聖なるものと結び付けて考えるあり方は、中世からその前期、十四世紀頃には非常に濃厚であり、一般の庶民はそうした商いに手を出さなかったのである。

江戸時代は、日本の経済が貨幣経済へと本格的に移行した時代であったため、特にこうした金融業者の繁栄には著しいものがあった。また、幕府も膨大な援助を鉱山開発に対して行った。

ここから、そのまま近代日本の大企業が発生したのであるが、実は、日本の近代化・特に明治維新に関しても、おおいに海人族の介入があったと私は見ている。

これはまた、次の機会に詳しい説を発表したいと思うが、その概《おおむ》ねは次のような点に関してである。

まず、大政奉還へ至る幕府経済の衰退の一原因が、蔵元などの大名貸し（大名に対して行う信用貸し）にあったことはいうまでもない。

このような貸付が、武家社会の経済を放漫にし、衰退の一途を辿《たど》らせ、庶民の発言力を大いに強めたという要因がある。

ここにまた、世界初のカラー印刷によるメディアである浮世絵などの出版物の文化が登場した。従来は美術品としてしか取り扱われなかった浮世絵は、近年、当時のCM、あるいはニュースとしての働きと価値を取り上げられつつあるが、それが政治に、実質的にどのように影響したかという問題に関しては、まだ関心が持たれてないようだ。

しかし、私は、こうした江戸のニューメディアとも呼ぶべき一連の印刷物が、明治維新に至るまでの政治過程に与えた影響には絶大なものがあると確信している。

それは、今後インターネットが日本社会に与える多大なる影響に引けをとらないほどのものだったのである。

江戸の歴史を読んでいくと、メディアが日本に初めて町民の世論というものを生み出し、それが天皇制復古に向かっていったと思われる節が存在するのである。

そして、こうしたニューメディアを生み出した影の仕掛け人が、海人族であった。浮世絵の絵師達は、元来、金属から絵の具を取り出す金属師でなければならず、浮世絵の素材となった歌舞伎役者や吉原は、海人族出身の芸能人であった。

さらには、瓦版なるものは、元来、川原や道の辻といった場所で売られ、その役についたのは当時、辻占師などを営んでいた海人族であったといえば、どう思われるだろうか？

そして、明治維新の二大立役者、坂本竜馬と勝海舟、彼らこそ紛《まぎ》れもない海人族であった。坂本竜馬の坂本家は、近江坂本、あるいは高野山の山腹にある坂本の地を出自にしていると思われる。しかも、彼の家は海人族の代表的な職能の一つである造り酒屋であり、その家紋の中心には、紛れもない五芒星があしらわれていた。

一方の、勝海舟。この人物の祖父は、武士ではなく、検校《けんぎょう》だった。全国の「盲人僧侶」の最高位の官職にいた人である。そして金融業によって得た膨大な利益で、武士の身分を買ったのである。

なによりも、勝海舟がスポンサーとなって坂本竜馬の組織した「海援隊」に、彼らの海人族たる出自が物語られている。

そうであれば、日本の未来に大統領制を夢見た坂本竜馬の先進的な発想は、古来より海外交流を盛んに行った国際人であった海人族ゆえであったからだともいえるだろう。

明治維新が、先の豊臣―徳川の対決で豊臣側に味方した外様大名によって引き起こされたことを否定することはできない。

私の前著『秀吉の正体』（トクマブックス）で論じているように、下克上の旋風を巻き起こし、日本統一を図った秀吉の主君であった織田信長は、尾張の大名であった。

織田家は、古代ユダヤ民族尾張氏*の一氏族であったわけだ。

＊　尾張氏は海部氏系図にあるように、火明命を祖神に頂き、葛城氏とも婚姻関係にあった純然たる海人族だった。

信長に可愛がられていた秀吉は、猿面冠者と呼ばれていた。彼は、海人族猿女氏*の流れを継いでいたことを表している。

＊　猿女氏は宮廷神楽を継承する一族であるが、金属師となり、その一部の流れは忍者の系譜に繋がっている。伊賀忍者として有名な大猿・小猿・猿飛佐助などの忍者名は、猿女氏の系譜に伝えられたものである。

しかも、秀吉は金融業者であった日吉神人でもあった。

秀吉は信長が内部に放った密偵でもあり、信長の直属の軍事顧問でもあったのである。その秀吉軍に、先の対戦で味方した当時の大名たちは、古代ユダヤ人（海人族）の末裔の大名たちであり、外様大名として僻地《へきち》に追いやられ、辛苦を嘗《な》めてきた彼らは、幕府の衰退に乗じて、ニューメディアの海人族勢力とともに、明治維新を押し進めたのである。

明治維新によって擁立された明治天皇は、島津家に匿われた南朝の末裔であり、それとともに島津家には聖徳太子をへて伝わった潮干玉を保管されていたことは別書（『古代ユダヤ人と聖徳太子の秘密』日本文芸社）で記したとおりである。

そして、勤皇の志士たちに、陰ながら資金援助をしたのは、一部の蔵元や、先の空海密教が開発した鉱山を母体として生まれた大商人たちであった。


かなり大雑把に流してしまったが、このように考えていくと、空海を代表とする海人族や錬金術師達の動きは、日本の歴史を読み込んでいく上で、決して無視して通りすぎることのできない要素として厳然と存在している。

これが、古代ユダヤ人と限定してしまうために、どうも狂信的な日ユ同祖論を論じているように思われてしまいがちのようだ。

が、私としては、日本人には、古代中国人や、古代韓国人、古代白人種の末裔もいると思っている。そして、それと同じように古代ユダヤ人や、古代シュメール人、あるいは古代オリエント系の人々も含まれているといいたい。

実際、海人族は古代ユダヤ人とオリエント系民族で組織されていたと見るあたりが、一番、妥当とも思われる。それに、後年には、差別された少数の人々も、その反体制的な集団の中に混入してきていたことだろう。

しかし、日本には東南アジアからだけでなく、オリエントからも渡来人がいたことは、日本の神話や、文化や古代の遺物を見ても、これは明らかなことなのである。

しかし、日本単一民族信仰が永い間はびこってきた日本の歴史観は、なかなか、その壁を打ち崩せそうにない。

中国のウイグル自治区、カザフ共和国、モンゴル人民共和国などからは四千年前から二千年前あたりのものと見られる白人のミイラが多数出土している。

大陸から日本へ民族が渡来し、神武天皇が大和朝廷を築いたのが、二千六百年前。

そのずっと以前から、中国には白人種の作った小国家すらあったと思われるにもかかわらず、白人種よりもずっと身近なオリエント系民族や、古代ユダヤ人が、同時に日本に渡来することは決してなかったと思い込むのは、もはや、日本のミステリーの一つですらある。

また、こういう事実もある。

湖南型と呼ばれる日本人の血液型頻度を持つ民族は、西アジアから中央アジアに多く、以前、ユダヤ民族が国家を築いた場所ヨルダンでは、中国湖南省人との比較よりも、ずっと湖南型頻度が高いというものである。

こういう科学的、歴史資料的数々の現実。従来の日本の歴史観では、説明のつかないことを、こと細かに挙げていっても、「空海がユダヤ人？ そんなことがあるはずはない」と、一笑にふされる人も多くいることであろう。

それでも、読者の皆様を支えに、私としては、詭弁の書であるという誹《そし》りを覚悟しつつ、これからも海人族に着眼した歴史を書いていきたいと思う。

資料に協力して下さった方々、お読みいただいた方々に、あらためて感謝の言葉を述べさせていただく次第である。

月海黄樹　げっかい　おうじゅ
山窩の家系に生まれ、幼少時より口伝の歴史・占術を授けられる。風水、天文易学、夢解読、象徴学など幅広い分野を渉猟し、占い師としてのキャリアも長い。
断筆後も霊学・古代史研究家として注目され続けている。
著書に『聖徳太子の『未然本記』に刮目《かつもく》せよ！』（ヒカルランド）『天宮占星術入門』（ダイナミックセラーズ出版）（月海知法のペンネーム）、『龍宮神示』（徳間書店刊）などがある。

本作品は、1996年９月に刊行された『空海は古代ユダヤの錬金術師だった』（徳間書店）の新装復刻版です。

［復刻版］空海は古代ユダヤの錬金術師だった
正統ユダヤの血脈は日本にあり

第一刷　2025年4月30日

著者　月海黄樹

発行人　石井健資

発行所　株式会社ヒカルランド
〒162-0821　東京都新宿区津久戸町3-11　TH1ビル6F
電話　03-6265-0852　ファックス　03-6265-0853
http://www.hikaruland.co.jp　info@hikaruland.co.jp

振替　00180-8-496587

本文・カバー・製本　中央精版印刷株式会社

DTP　株式会社キャップス

編集担当　TakeCO

ISBN978-4-86742-486-5

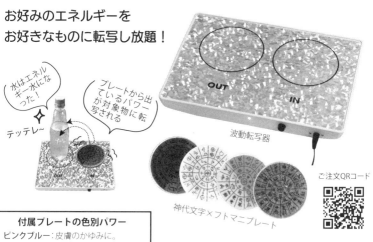